©Hidefumi Hase

MAI THAI
KSD
CO.,LTD
Sanwa Trust

STUDIO S
KNOCK OUT

©Def Fellow

KNOCK OUT
KNOCK OUT

INSPIRIT

yogibo

©RIZIN FF/Sachiko Hotaka

©Hidefumi Hase

夢を叶える「稲妻メンタル」

初代KNOCK OUT BLACK
スーパーライト級王者
第5代RIZIN フェザー級王者
鈴木千裕

双葉社

はじめに

子どもの頃、僕には将来の夢、なりたいものが8つありました。小さい頃から空手を頑張って、その中の1つ、「プロ格闘家」になれたんですが、最初の頃はファイトマネーも少なくて、生活は厳しかったんです。

最初はMMAでデビューして、パンクラスのトーナメントで優勝できましたが、その次の試合でメチャメチャでかいミスをしてしまって、一度はどん底まで落ちました。そこからクロスポイント吉祥寺の山口元気会長に声をかけてもらって、キックボクシング・デビューすることになりました。

キックでも勝ち続けることができて、KNOCK OUTのベルトを獲れました。その時にリング上で、「二刀流」を宣言しました。キックのベルトも獲ったので、MMAのベルトも獲ると。キックをやめてMMAに転向するんじゃなくて、両方に出続けながら、両方のベルトを獲ると。

この時はメチャメチャ否定されました。「獲れるわけないよ」「どっちかに専念しないと強くなれないよ」「二刀流なんて無理だよ」って、いろんな人に言われました。

もちろん応援してくれる人もいましたが、やってもいないうちから否定してくる人が多かったんです。

ＲＩＺＩＮに初めて出た時は、すぐ負けました。この時もメチャメチャ言われました。「ＭＭＡ向いてない」とか「出る資格ない」とか、「そんなんでチャンピオンになれるわけない」とか。

面白いのは、その後にＲＩＺＩＮで勝ち始めると、そういう人たちが手のひらを返して、褒め始めるんですよね。でも結局、僕は否定されようが褒められようが、戦い続けるしか道はないんです。周りの声は気にせず、決まった試合を全力でこなして、リングに上がり続けてきました。

そんな中で、あることがきっかけで自分のやってもいないことで、疑惑の目を向けられたこともありました。思いっきり事実と違う情報が出回って、「そうに違いない」と決めつけられました。僕が自分の言葉で否定しても、「ウソをついている」「あやしい」と言われました。

それでも結局、僕にできることは、戦い続けること、勝ち続けることだけでした。自分に向けられた疑いの目や非難の声も、格闘家として戦って、勝っていくことで、だんだんと弱くなっていきました。

そうしているうちに、ＲＩＺＩＮでのタイトルマッチのチャンスが来ました。でも、ベルトは獲れませんでした。この時は落ち込みました。ただ、「二刀流」の夢を諦めるわけにはいきません。僕はそれまでの経験から、負けてどん底に落ちても切り替える方法を知っています。そのおかげで、今度はアゼルバイジャンでヴガール・ケラモフとのタイトルマッチに出場できるチャンスを掴みました。

そこでチャンピオンになった時、最初に「二刀流」を宣言した時の否定の声は、もうなくなっていました。僕は自分の力で、自分の道を切り開くことに成功したんです。

いや、本当は僕ひとりの力ではありませんでした。周りで支えてくれる人たち、一緒に練習してくれる仲間、いろいろやらかしてしまう僕をずっと見守ってくれている人たち、本当にいろんな人たちの力があったからこそ、僕は戦い続けてこられたたし、勝ち続けて、チャンピオンになれました。

ここに来るまでには、本当にいろんなことがありました。子どもの頃、家が貧乏だったことで経験したいろんな思い。格闘技に出会ってからも、うまくいかない日々が続きました。プロデビューしてからも、ずっと順調だったわけではありませんでした。

それでもここまで来られたのは、いろんな経験の中で、ブレないメンタルをつくり上げることができたからです。僕はＲＩＺＩＮで「稲妻ボーイ」と呼ばれるようになりましたが、自分の中に「稲妻メンタル」を築き上げることで、ブレずに突き進むことができました。

以前から、「どうしたら千裕選手みたいになれますか?」とよく聞かれます。僕と同じような経験をするのは難しいかもしれませんが、これまで僕が育ててきた「稲妻メンタル」は言葉にできるかもしれないなと思って、この本にまとめました。

僕が格闘家になりたかった理由、勝ち続けなければならない理由、最短でチャンピオンを目指していたことも、全部この「稲妻メンタル」に関係があります。そして、僕が子どもたちに向けた活動や、被災地に向けた活動のことも、戦い続ける理由に関係があります。全部この本を読めば、それもわかってもらえると思います。

……って、あーっ! 堅苦しくしゃべるのは疲れるんすよ!

ここからは僕のいつもの口調で、いろんなことをお話しするっす。目の前に鈴木千裕がいるつもりで、読んでもらえたらうれしいっすね。勉強や受験、日々の仕事とか、日常の場面で「稲妻メンタル」を生かすやり方もたくさん話してるんで、悩みがある人、行き詰まりを感じている人にも参考にしてもらって、それぞれの居場所でのチャンピオンを目指してほしいっす!

CONTENTS

夢を叶える『稲妻メンタル』

第3章 壁を打ち破る「稲妻メンタル」

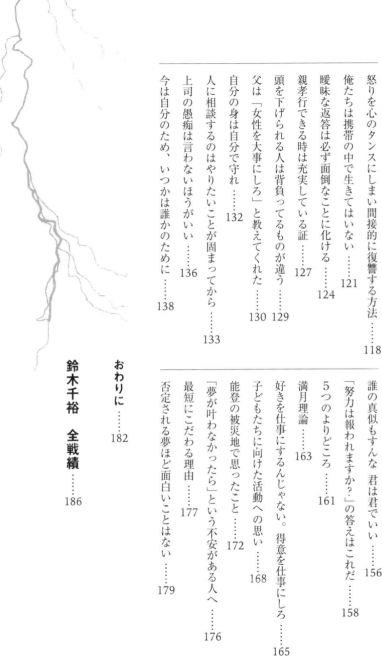

本書は取材をもとに著者の口述を
まとめて構成しています。

協力／クロスポイント吉祥寺
カバー写真／長谷英史
写真／長谷英史
RIZIN FF
KNOCK OUT
デザイン／イエロースパー
校正／谷田和夫
構成／高崎計三（ソリタリオ）
編集／谷水輝久（双葉社）

第1章

最強を支える「稲妻メンタル」

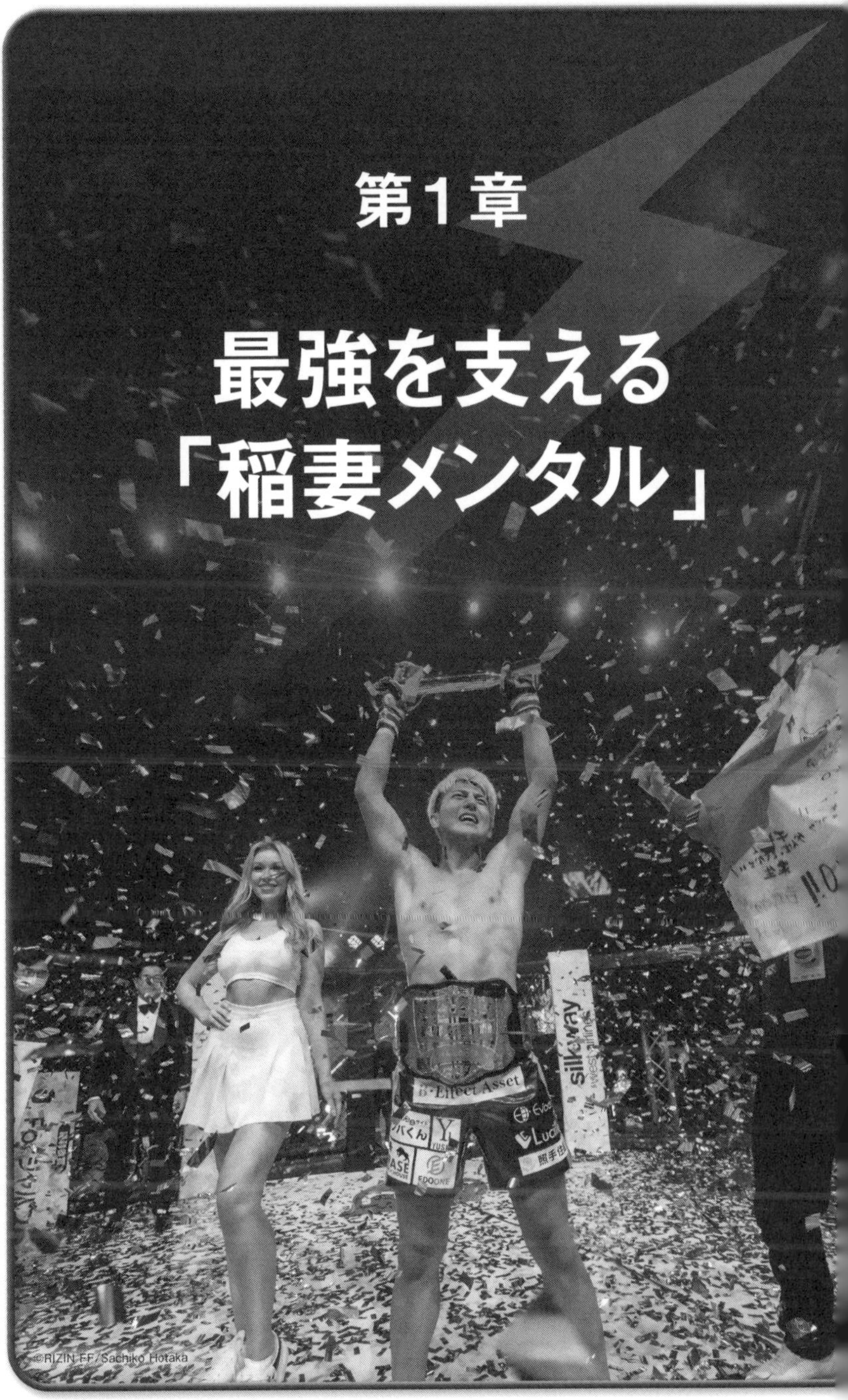

決してブレないメンタルのつくり方

　メンタルについては誤解が多いっすよね。生まれつきで決まってると思ってる人も多いっすけど、そうじゃないっす。メンタルは鍛えられるんすよ。

　温室育ちの人と、貧乏な家に育った人とでは、貧乏育ちの人のほうが苦労が多いっすよね。ごはんが食べられない。じゃあ稼がなきゃいけない。若いうちから汗水垂らして働かないといけないんすよ。温室育ちが悪いってわけじゃないっすけど、貧しい家庭に生まれていなかったら、家に帰ればごはんが出てくる。これは大きな違いっすよね。

　そのハンデを埋めるために必死になっていくうちに、メンタルが鍛えられるんすよ。「俺はこの壁を乗り越えて、夢を実現させるぞ」っていう経験を重ねていくと、後になって「あの時頑張ってここまで来たから、次の壁も乗り越えられる」って思えるようになるんすよね。

　これは筋トレと一緒で、どれだけ繰り返しやってきたか、どれだけ場数を踏んだかで鍛えた結果が出てくるんすよ。

メンタルに関しては、他人に相談したほうがいいっすね。壁にぶち当たった時とか、うまくいかない時は、人の意見も聞いてみるのがいいっす。ただこれは誰でもいいわけじゃなくて、家族とか親友とか、信頼が置ける人に限るっす。

もう一つ大事なのが、厳しい状況を乗り越えてきた経験を、いろんな人に聞くことっすね。「こういうことがあったんだけど、こうやって乗り越えたよ」「こんな厳しい状況の時に、こう考えることで乗り切ったよ」とか。自分の経験じゃないから、深いところまでは理解できないっすけど、それを溜めていくと、自分が似たような状況になった時に応用できるんすよ。

「この状況って、●●さんから聞いた話にちょっと似てるな。あの時、●●さんはこうやってたって言ってたよな。じゃあそれを試してみよう」って。それで切り抜けられたり、そのままだとうまくいかなくても、そこから自分なりの工夫を加えたらいい方向にいったりすることで、人から聞いたことが自分の経験になって、定着するんすよね。

それを繰り返していくと、メンタルが鍛えられて、強くなっていきます。そのうち自分の中でも過去の経験を応用して、よりいろんな状況に対応できるようになってくるんすよ。それを重ねれば、ブレないメンタルをつくっていくことができます。

まずは信頼の置ける相手に相談すること。それがいないって人は……見つけるしかないっすね。ちょっと時間がかかるかもしれないっすけど、見渡せば意外に近くにいるかもしれないっすよ。

自分のことをネガティブだと思ってしまってて、周りに相談できる人がいないという人は、誰か表舞台にいる人の様子を見て、参考にするという手もあるっすね。例えば僕だったら、「あんなアホなヤツでも成功できるんだ」でもいいんすよ（笑）。好きなアイドルが頑張ってそこまでたどり着いたストーリーを参考にしてみるのもいいっすよね。ファンの視点から自分の道を探してみるのも一つの方法だと思います。

メンタルは生まれもったものではない

「千裕っていっつもポジティブでいいよね！　私なんか、生まれつきネガティブだからさあ」って、すっげえよく言われるんすけど、俺だって凹《へこ》むっすよ！（笑）でも俺は解決する方法を知ってるだけで、みんなは「自分は生まれつきネガティブだ」と勝手に思い込んじゃってるだけなんすよね。

ポジティブでいられるかどうか、何かミスしたりしても引きずらずにいられるかどうかってのは、この解決方法を知ってるかどうかの違いだけなんすよ。

仕事でも何でもいいっすけど、何かミスした時に「あー、何であんなことしちゃったんだろう……」って思ってたら、ずーっと引きずることになりますけど、「何が悪かったんだろう？　よし、あの人に聞いてみよう」って相談して、アドバイスをもらって「ハイ解決！　次に行こう！」って思えたら、引きずることはもうないっすよね。誰かに相談する勇気、これもメンタルの一つかもしれないっす。

風邪と一緒なんすよ。「あー、風邪ひいちゃったなー。具合悪いなー」って時に、すぐ病院に行ったり、薬を飲めば治ります。でも「調子悪いー。病院行くのも薬飲むのもめんどくせー」って言ってたら、ずーっと治らなくて具合悪い状態をずーっと引きずることになるっすよね。僕はやり方を知ってるんで、「具合悪い！　薬飲もう！　ハイ飲んだ！　ハイ治った！　ハイ次行こう！」ってすぐなるんすよね。自分でグダグダ考えて、イヤな気分を引きずってるのは、薬を飲まないのと一緒なんすよ。だから何かあった時には、すぐに誰かに相談に行ったほうがいいんす。

「私は生まれつきネガティブ」って思い込んでる人が多いっすけど、メンタルは生まれもったわけではないっす。後からつくっていけるもので、解決法を見つければいいことなんす。僕は自分で解決法を見つけられたっすけど、知らない人、見つけられない人は、他の人に相談したほうがいいっすね。自分で抱え込まずに、大事な仲間とか家族とか先輩、上司とか、答えを知ってる人に導いてもらうのがいいんすよ。

導いてもらえれば、日々出くわす問題にも〝クセ〟が見つかるようになってくるっす。〝クセ〟というか、傾向というか。「この問題は、去年のあの時のに似てるな」とか。そしたらその時の解決法を当てはめてみればいいんで、だんだん自分ひとりでも解決法を見つけられるようになるんすよ。それは場数っすよね。

ひとりで悩んでる時間はもったいないっす。同じような問題をくぐり抜けた人は、他にもごまんといるはずなんすよ。そのものズバリじゃなくても、似たような問題に直面した経験のある人は、周りにいるんすよね。そういう人に相談して、早めに解決法がわかれば、悩んで引きずるネガティブな時間は短く済むはずっす。

「どうしたら東大に入れるのかわからない」。だったら東大生に聞くのが一番なんすよ。彼らはもう通過しちゃってるんで。

「どうしたらチャンピオンになれるのかわからない」。だったらチャンピオンに聞くのが一番。デビュー数戦で勝ったり負けたりの選手に「どうやったらチャンピオンになれますかね?」って聞いても、「いやあ、わかんないな」ってなるに決まってるんすよ。

なったことないんだから。

　こんなふうにどんどん人に聞いて、問題に対応するメンタルをどんどんつくっていけばいいんすよ。それを繰り返していけば引き出しも増えるし、解決できるっすよね。「生まれつきネガティブ」なんて思ってるヒマがあったら、人に聞いてどんどん解決していくに限るっすよ！

有言実行で可能性が上がる

「有言実行」は、僕が一番大事にしてる言葉っすね。わざと口に出して、自分に課すっていうやり方っす。

　小学校の時だったら「俺、１週間で九九《くく》を覚える！」ってクラスで宣言したら、友達が煽《あお》ってくるんすよね。「あと2日だね！　どこまで覚えた？」「明日までだけど大丈夫なの？」って。そうすると、周りが自ずとその雰囲気をつくってくれるようになるんで、追い込みもやりやすくなったりするんすよ。思った以上に追い込めて、成果が上がるんすよね。

学生だったら「体育祭で優勝する！」とか、仕事だったら「この契約をものにする！」とかいろいろあると思うんすけど、その時に、自分の中でできると思ったことは口に出して宣言するほうがいいんすよね。そうやって周りも巻き込んでいくんすよ。

ただ、できもしないこと、実現できる可能性のないことを言っちゃうのはダメっす。それは周りに迷惑をかけることになるんで。

でも「できそうだな」と思ってることだったら、だいたいできるんすよ。もし自分の中で半信半疑だったら、それは、「本当にできるかな？」ってちょっとビビってるということなんすよね。そういう時は「チャンピオンになる」とか「二刀流になる」って、ハッキリ周りに宣言するんすよ。そうすれば自分も引くに引けなくなるし、周りもそういう空気をつくって追い込んでくれるから、実現の可能性も上がるんすよ。

僕は格闘技を始める前からそうだったっすね。こう見えても小学校の時に生徒会長やってたんすよ。みんなの前で「俺、生徒会長になるから！」って宣言して、大騒ぎして。そしたら周りが「千裕があんなに言ってるし、ちょっとやらせてみるか」って票を入れてくれて、なれたんすよね。

半信半疑なんだったら、やらないよりもやって後悔したほうが全然いいし、可能性があるものを自分で押し潰しちゃうよりはよっぽどいいんすよ。それで失敗したっていいじゃないすっか。失敗したら改善点が見つかるんで。とにかくやりたいことが見つかったら、口に出してみるのがオススメっす。

「練習で強いヤツ」と「試合で強いヤツ」の違い

これはサッカーでも野球でも全部そうだと思うんですけど、「練習ではピカイチにすごい」という人がけっこういるんすよ。ジムで練習試合という形式でやったら、誰も勝てない。テクニックもあるし、スタミナもある。でもそういう人の中には、本番の試合になったら勝てない人も多いんすよね。弱いんすよ。練習ではKOもできてるのに、試合になったら「えっ、こんなに弱かったっけ？」って思われるような。

逆に、練習では弱くても試合になるとメチャメチャ強いという場合もあります。僕がそうです。僕は、練習では飛び抜けて強いわけではないですけど、試合では突出できるんすよね。

こういうことがなぜ起きるかというと、刀でたとえたら竹刀か真剣かの違いなんすよ。竹刀だと、斬られても死にはしないから、思いっきり振れるじゃないすか。でも本物の刀だったら、〝とりあえず〟では振れないですよね。一振りにも慎重にならないといけないので、本来の持ち味が出ない。

練習では竹刀のつもりでいるからガンガン攻めていける人が、試合になると「うわ、真剣だ……。向こうの刀に斬られたら死んじゃうしな」ってビビっちゃって、自分からは攻められないし、ビビってるから相手の攻めにもやられてしまうってことなんすよね。

僕は、真剣を持って戦うほうが強いっす。それはやっぱり、気持ちの問題がデカいと思います。どんな気持ちで試合に向かってるかっていうのは、わかりやすく出るんすよね。特に出るのは、下積みでいかに苦労したかということと、何を目的に戦ってるのかということ。それが「気持ち」という形になって、にじみ出るんだと思うんすよね。

真剣を振り回して「殺し合うぜ！」という気持ちなのか、竹刀で「チャンバラができれば……」という気持ちなのか。

それは、教えてもなかなか気づかないところだし、ぶっちゃけ言えば、格闘技を始める覚悟に繋がってる部分だと思うんすよ。僕は「格闘技でカネを稼ぎたい」「格闘技で成功したい」「過去に戻りたくない」「あのしんどい時代には絶対に戻りたくない」

という気持ちで格闘技を始めていて、本気で相手に斬ってかかるので、試合で力が出せるんだと思います。

だから、何かを始める時、特に自分の人生にとって大事なことを始める時は、最初から目的を明確にして、真剣を振るぐらいの気持ちで臨まないとダメなんすよね。「初心者だからこれぐらいで」とか「素人だからまだゆっくりで大丈夫」と思ってたら、いつまでも強くなることはないですし、突出して上に行くこともできないっす。

まっすぐなバカが秘めている可能性

人には「賢いヤツ」「ひねくれたヤツ」「まっすぐなヤツ」「まっすぐなバカ」「ひねくれたバカ」みたいな感じで、いろんなタイプがいるじゃないすか。その中でもよくないのが、「ひねくれたバカ」っすね。これは格闘技みたいに、突き詰めてトップを目指していくようなものには特に向いてないいんすよね。

ひねくれてると小細工しようとするんすけど、バカなんで浅いんすよね。ストレートしか投げられないのにカーブを投げようとして、ヒジをダメにしちゃうみたいな。

だからバカは器用なことをやろうとしないほうがいいんすよ。

賢い人はその点ではいいんすけど、逆にストレートが投げられなくなるんすよね。賢いんでいろんな可能性を想像して、「こうなるかも」「こう打たれるかも」って考えすぎちゃうんすよ。

一番いいのは、「まっすぐなバカ」なんすよ。まっすぐなバカは、自分のいいところを何も考えずに相手にぶつけるんで、それが武器になるんすね。

いろんな要素が揃って、均等に能力があるのがいいと思われがちなんすけど、格闘家の場合は、何か突出した強みがあるほうが絶対うまくいくんすよね。まっすぐなバカは何か一つ強みがあれば、それ一つでグイグイ押すんで、それが突破力になるんすよ。特に賢いヤツに勝つには、まっすぐなバカが一番だと思うっすね。

日常に神はいるが、勝負どころにはいない

僕は、2023年は厄年だったんすよ。でもその年にRIZINのベルトを獲って、夢だった二刀流での戴冠を成し遂げました。厄年とか関係なく、夢を叶えたんすよね。

日常生活の細かいところを見ると、確かに厄年だったかもなってことも、いくつか思い当たるんすよ。あんなこともあった、こんなこともあった、って。でも、リングの上ではそんなの関係なくて、勝てたんすよね。敵地アゼルバイジャンで、強豪のヴガール・ケラモフに。

もし僕が「世界一不幸な男」だとして、「世界一幸運な男」とリングで戦ったとするっすよね。でも、僕は勝つんすよ。もし神様がいて運が最優先なんだったら、幸運な男が勝つと思うじゃないすか。でも関係ないっす。僕が勝つんすよ。なぜなら僕のほうが、勝つための用意をしてきてるから。そこに運は関係ないし、神様に手を出せるところはないんすよ。

ただ、日常に神はいるっす。どういうことかというと、そのリングに上がるまでに風邪をひいたり、不幸があったり、ケガしたり失恋したり、いろいろあるじゃないすか。そこには神がいると思うんすよ。でも、それを乗り越えてリングに上がれば、もうそれも関係ないんすよ。あとは実力の勝負なんすから。

リング上にいて、不幸にも上から何かが落ちてきますか？　足元から釘が突き出てますか？　そんなことないっすよね。リングに上がったら、あとはその人の実力が出るだけ。その実力を競って、答えが出るだけなんすよ。

運で勝てると思ってる人とか、リング上にも神様が影響すると思ってる人は、アホみたいに試合前に神頼みに行ったりするっすよね。僕はそんなの一切やらないっす。

それが日常の習慣になってる人はいいっすよ。毎日神様に手を合わせて、日々の幸福に感謝してる人はいいんすよ。でも普段はそんなことやらないのに、試合前だけ神社に行って「今度の試合に勝てますように」って拝んでるようなヤツが勝てるかっつー話なんすよ。それで勝てれば全員勝てるっすから。

去年、僕は厄年だったたっすけど、一番大事な試合にしっかり勝てました。でも日常生活ではツイてないこともいろいろあったし、「これが厄年か!」と思わせられるような出来事もたくさんあったんすよ。

試合前だけ神頼みするような人って、勝った後にはお礼参りに行かないんすよね。頼むんだったらそこまでやれよって思うっすよね。リングに上がる前に手を合わせて拝んでる選手もよく見るっすけど、それでみんな勝てるなら世話ないんすよ。

そもそも、自分の勝敗を神様に委ねてる時点で、ソイツは勝てないっす。勝敗は自分で決めるもんすから。勝負どころぐらいは、自分の拳で決めろよって思うっすね。

大一番で呑まれない圧倒的コツ

大一番の時にプレッシャーに呑み込まれないようにする方法は、いくつかあるっす。まず、納得するまで突き詰める。僕はいつも試合前、「俺、どうやったら負けるんだろう？」って思うんすよね。そう思えるのは、それぐらい練習で突き詰めてるからなんす。

例えば、「あの時、ちょっと体調崩して練習できなかったな」とか「あの日、練習行こうと思ったけどサボっちゃったな」とか言ってるのをよく聞くんすけど、そういう不安要素があって大一番を迎えると、「やべ、あの時、追い込みでちょっと手を抜いちゃったな」という思いから気持ちに穴があいて、そこから一気に怖くなっちゃうんすよね。

だから、それをゼロにすればいいんすよ。それは別に難しいことじゃなくて、いつも通り練習すればいいだけのことなんす。上げ下げなく練習して、いつも通り真剣に向き合って当日を迎えれば、「俺、何したら負けるんだろう？　逆にアイツは俺に勝てるのかな？」と思えるから、どんな勝負でも全くブレないんすよ。

受験生だってそうだと思うんすよね。例えば東大に受かった人で、試験直前に「俺、受かるかな？」と思う人なんてごく一部なんじゃないすか？　ほとんどの人は「え、受かるっしょ？　簡単だわ！」って思ったと思うんすよね。

それはマインドの問題です。例えば、何らかの理由で練習をサボっちゃった時は、「あー、サボっちゃったなあ……」ととらえるんじゃなくて、「今日は寝て、明日の練習で倍のパフォーマンスを出そう。それでチャラにしよう！」と思って寝ればいいんすよ。

練習に行く時に体調が悪くて、50％ぐらいの調子かなって時もあるっすよね。その時に無理して練習に行ったら、50％しか出せないんすよ。そんな時は「ここは休んで温泉に行って、明日100％のコンディションで取り返せばいいや」って考えて、翌日に取り返せばいいんす。

そういうふうに前向きに考えれば、「あの時、サボっちゃった……」っていう不安要素が「あの時休んだから、次の日にいい練習ができた」ってポジティブ要素に変わるんすよね。

大事なのは、常に自分を上げること。自分を上げて自信がある状態で大一番を迎えれば、ブレることはないっす。

「1日練習を休んだら、取り戻すのに3日かかる」とか言うじゃないすか。大丈夫っす、そんなにかかんないっすよ！（笑）

むしろ、そういう考え方をなくしていったほうがいいってことなんすよね。「1日休んでしまった！　3日かけて取り戻さなきゃ！」と思ってると、結局追い着かないじゃないすか。「1日休んだけど、昨日は調子が悪かったから、今日100％のパフォーマンスで取り戻すぞ！」って思ったほうが、不安要素もなくなっていい調子に上げられると思うんすよね。

「天狗」と「謙虚」のバランス理論

物事がうまくいく人は、必ず周りから「調子に乗るなよ」「天狗《てんぐ》になるなよ」って言われるっすよね。「こういう時こそ謙虚になれよ」って。

でも、僕はちょっと違うかなと思ってるんすよ。「いい調子に乗り方」ってあるなと思ってて。何かを達成した時、思ってることを実現できた時とかは、一定期間、調子に乗るのはすごくいいことだと思うんすよね。

自分の成果に浸る時間って、すごく大事なんすよ。例えば大事な試合に勝ったら、「よし、1週間はこの喜びに浸ろう」って決めて、ちょっと自分を解放するとか。その時は「俺はチャンピオンなんだから」とか「俺は勝ったんだから」と思っててもいいんすよ。

でも、その1週間が過ぎたらピシッと気持ちを変えて、「よし、ここからは次に向けて頑張ろう」と切り替えるんす。そこからは、勝ったこともチャンピオンになったことももう過去の話なんすよ。いつまでもその喜びに浸ってないで、次の喜びを得ようと、気持ちをチェンジするってことっすね。

結果を残したことは、喜ぶべきなんすよ。小さい成果でいちいち立ち止まって喜んでたらしょうがないっすけど、特に大きなことを達成した時は、しっかり喜びに浸っていいと思うんすよね。そうじゃないと、どこで喜んだらいいかわかんなくなるんで。

周りからしてみたらイヤミに聞こえるかもしれないっすけど、結果を残したことは事実っすからね。それを自分で認めることが次の成長につながる大きなカギになるっすから。

格闘技の試合でも、外国人が勝利した時は「ウワーッ!」ってすごく大きく喜ぶっすよね。でも日本人は「いや、そこで調子に乗っちゃダメだよ。ここで謙虚になれよ」

ってすぐ言われるんす。それで小《ち》っちゃいガッツポーズして、周りから「すごいね」って褒められても「いや、そんなことないっすよ」って謙遜する。いやいや、そんなことあるんすよ。結果を残してるんだから。

勝った時、大きな成果を上げた時に謙遜して喜びも小さくすると、次の成長も小っちゃくなっちゃうんすよ。

だから3日なら3日、僕はだいたい1週間っすけど、期間を決めて喜びに浸って、天狗になるのがいいんすよね。１ヵ月とかは取りすぎっすけど。天狗になるのは結果を出した人だけの特権なんで、それはしっかり味わったほうがいいっす。そして、それをまた味わうために、いや、次はもっと大きな喜びを味わうために、また気持ちを切り替えて頑張ればいいんすよ。天狗になるのは必要っす！

自分のために頑張れば、誰かのためになる

自分も含めて、「君は誰のために戦ってるの？」「誰のために仕事をしてるの？」という質問をされると、多くの人は「誰かのため」、「他の人のため」と答えるっすよね。

「家族のため」「両親のため」「チームのため」「監督のため」……こういう答えが多くて、「自分のため」って答える人は少ないんすよね。

僕も最初はそうでした。僕も「家族のため」って言ってて、「自分のため」とは思ってなかったんす。

でも、人のためにやると、ボロが出るんすよ。何でかって言うと、見せよう、見せようとしちゃって、本来の自分ではなくなるからなんすね。人の目が気になってるから「ミスしちゃったらどうしよう」というのも気になっちゃうんす。

でも自分のためにやってる人は、見せる必要がないから他の人の目が気にならないっすよね。ミスしても自分の中で処理できるから、「次はここを改善しよう」って、冷静でいられるんすよ。緊張もないし圧もないんで、プレッシャーを感じにくいんすよね。

自分のためにやって成果を上げれば、それが勝手に人のためになるんすよ。人のためにやったことが自分に返ってくるんじゃなくて、自分のためにやって出た成果を見て幸福に感じてくれる人が多くて、それがみんなのためになるんすよ。

僕は、今「家族のため」でも「チームのため」でもなくて、自分のために戦ってます。僕が勝てばその試合を見て、感動してもらえたり、「自分も頑張ってみよう」と思ってもらえたりするじゃないすか。それで結果的に、格闘技で稼いだお金を自分の大切な人たちのために使うこともできるんすよね。

「人のため」と思い込むより、まずは「自分のため」と思ったほうが変なプレッシャーとかからも解放されるんで、いい結果も出ると思うんすよね。

僕はよく相談されます。「どうしたら大一番の時に緊張しないでいられるんですか？」とか「大事な場面で普段通りの実力を発揮するにはどうしたらいいんですか？」とか。それは、「人のため」って意識があるからだと思うんすよね。受験にしても、親のこと、先生のことを意識している人は多いんすよ。そうじゃなくて、全部自分のためだと思えれば、全然違うと思うんすよね。

それで志望校に受かったり、成功したりすれば、周りは勝手に喜ぶんすよ。だから全ては自分のため。この意識は大事っす。

なぜタバコを吸ってはいけないのか

アスリートは、「タバコ吸っちゃダメ」「お酒飲んじゃダメ」ってすげえ言われるっすよね。でも実際は、プロ野球選手はけっこう吸ってますし、サッカー選手でも吸ってる人はいます。格闘家にもいますし、昔はもっといたんすよね。試合終わったらガンガン酒飲んでたし、タバコも吸ってたし。

「タバコも酒もダメ」って言われる理由は「パフォーマンスが落ちるから」ってことらしくて、「タバコ吸ってなければ、キミは世界チャンピオンになれたよ」なんて言ってる人もよくいるんすけど、僕的にはそれは違うと思ってて。

タバコも酒も、その人のルーティーンなんすよね。例えばある選手が、試合前にタバコを1本吸ってからリングに上がるのがルーティーンになってるとするじゃないすか。それをやめたらリズムが崩れて、負けにつながったりすると思うんすよね。逆にそれがあったから勝てたという例も多いでしょうし、そのおかげで世界チャンピオンになれたっていう人もいるはずっすよね。

「タバコや酒は体に害があるからやめろ」って言う人は多いんすけど、でもタバコを吸うことで精神統一ができてるんだったら、そのタバコはある意味では、いい薬になってるわけじゃないすか。だから一律にやめろっていうのは違うんじゃないかなあと。

僕自身は吸わないっすけど、そう思うっすね。

仕事とかでもそうっすよね。出勤前に1本吸って、体がオンになって仕事モードになるっていう人はいるんすよ。で、仕事が終わって1本吸うことで体がオフになって、帰ったらゆっくり休めると。それは意味のある習慣じゃないすか。だからいいと思うんすよね。でも今は「アスリートにタバコや酒はよくない」って考えが広まってるから、よく一般の人たちにも言われるようになってるんすよ。そういうのは無視でいいと思うっす。

ただ、何も考えずにスパスパ吸うのは、確かに体に害があると思うんで、よくないと思うし、価値はないっすよね。習慣として価値を見出せるものだったら、いいんじゃないすっかね。

RIZINで活躍してる堀江圭功《よしのり》選手（ALLIANCE）はビール好きで有名で、いろいろ話題になったりしますけど、たぶん堀江選手からビールを取り上げたら、彼は弱くなっちゃうと思うんすよね。だから彼もあのままでいいんじゃないかと思うっす。何事もその人の基準でいいんすよ。

赤い炎ではなく青い炎であれ

　僕自身、格闘技をやってる上でよく言われることっすね。「赤い炎ではなく、青い炎であれ」と。炎って、青い炎が一番温度が高いじゃないすか。赤いほうが高いように見えるっすけど、実は逆なんすよね。

　赤い炎は「オラオラオラ！」って威勢よく見えるんすけど、感情的で、冷静さに欠けてる感じなんすよね。で、見かけほど熱くないと。格闘技じゃなくても、自分の経験で言えば高校入試の面接の時。僕は赤い炎でいったんすよ。「オッシャいくぜ！」って。でも空回りしてうまくいかなかったんすよ。

　そういう時に冷静沈着な青い炎でいったら、周りから見ても落ち着いて見える上に、実は中身の熱さは誰よりもあるんで、そりゃあ強いっすよね。格闘技は冷酷にいかなきゃいけないんで、相手にとってはこのタイプは怖いんすよ。赤い炎で「オラ来いやー！」ってなってる人はわかりやすいっすけど、力んでるし、その分スキが多いんすよ。それと反対に青い炎タイプは無表情なんだけどトップスピードで動いて、冷酷に攻めてくるんで、スキもないし対応しづらいっすよね。

気合いを入れるのは大事っすけど、その気合いをやたら表面に出すんじゃなくて、しっかりと内に秘めておいて、出すべきところでズバッと出す、みたいにやると相手には脅威っすよね。

今の格闘家で一番、「青い炎が出てるなー」と思ったのは、今成正和さん（今成柔術）っすね。あの人は試合中もほとんど表情が変わらないし、何を狙ってるか読みづらいっすけど、あの関節技はすごいじゃないすか。対戦したところではケラモフ選手なんかもそうですし、トップどころは青い炎タイプが多いっすよね。ボクシングの井上尚弥選手もそうっすね。ピンチになっても全然顔に出ないですし。

歴代の選手の中で一番と言えば、ダントツなのはエメリヤーエンコ・ヒョードル（ロシア）っすよね。ホントに表情を変えずに冷酷にぶっ倒しますし、勝ってもほとんど笑わないじゃないすか。派手なパフォーマンスもしないし。あれはすごいっすよね。

僕は赤い炎に思われがちなんすけど、自分ではかなり青い炎タイプだと思ってるっす。どうっすかね？（笑）

俺は格闘技の東大生だ！

僕は勉強ができるのに憧れてたんすよね。勉強もできて格闘技もできる、多才な人間になりたかったんす。

今までの格闘家の中では、須藤元気さんには憧れたんすよね。音楽もダンスもできて、本も書けて、格闘技でも活躍できて、議員にもなっちゃうみたいな。あんな多才なこと、僕にはできないっすから。

そのベースとなる勉強もできるようになりたかったんすけど、まあ向いてなくて、そっちは諦めたんすよね。

今こうやって格闘技で活躍できるようになって、いろんな場でいろんな人と話すことも増えたんすけど、まあ勉強してないんで、話す内容とかボロが出ることもあるんすよ。「千裕、アホだなあ」って思われてると思うっすよね。それはわかってるんす。「お前、何でそんなにアホなの？」って、友達からも言われることがあるっすけど、ちょっと待てと。ソイツにはこう言い返せるんすよ。「俺は格闘技の東大生だぞ」って。

僕がいる階級にチャンピオンはひとりしかいないっすよね。しかも僕は二刀流で2

本のチャンピオンベルトを持ってるんで。だからその友達には「お前は今から格闘技のチャンピオンになれる？」って聞くんすよ。そしたらソイツは「いや、なれるわけないっしょ」って答えるっすよね。同じことなんすよ。

東大は一番頭がいい人たちが行くところなんで、みんなが行きたがるけど、行けない人が多いっすよね。僕はそっちには行けなかったけど、格闘技では誰でもなれるわけじゃないチャンピオンになれました。叶えられる可能性の低い夢を叶えたっていう点で、一緒なんすよ。

ここは勝ち負けじゃないんすよね。僕は東大に行けなかったから、行けた人たちに負けたわけじゃなくて、違う道に進んで大きな成果を出すことができた。

だから僕は、「俺は格闘技の東大生だ」って思い込めるんすよね。格闘技が義務教育の中に組み込まれなかっただけで、そこで突出できたんだからいいんすよ。負けてないし、何なら勝ってるかもしれないっすよね。

逆にそう思わないと、自分のやってることがアホらしくなるじゃないすか。他の人が勉強に費やしてきた時間を、僕は格闘技に費やしてここまでやれたんすよ。だから頭がいい人、東大を出てる人にも負けてると思わないし、逆に勉強に時間を費やしてそこまで来た人にはリスペクトがあるんすよ。

でも勉強ができる人たちからは、たまに見下されることがあるんすよね。「どうせ脳筋でしょ?」みたいな。カチン! と来るんすけど、生涯に稼ぐ金額では負けるとは思ってないし、俺は俺の誇りがあるからいいんすよ。それぐらいに考えたほうが、ハッピーでいいんすよね。

まともな人間にチャンピオンが務まるか!

テッペン獲る人はみんなそうっすけど、そこに立つ人はみんな、まともじゃないんすよね。同時に、何かでトップを獲りたいんだったら、自分のことをまともだと思っちゃいけないんすよ。

歴史に残るような大社長でまともな人とか、まともなトップ選手とか、もしどこかにいるんだったら、見てみたいぐらいっすよ。それぐらいいないっす。

「まとも」って、「普通」ってことじゃないっすか。普通の人は常識があって分別があって、それはそれでいいことっすけど、やっぱチャンピオンになったりトップで活躍するような人で、「普通だな」って思うような選手はいないっすね。やっぱどこか突出してるっていうか。

トップを獲りたい、チャンピオンになりたいって思うんだったら、周りからどう思われてもいい、「異常者」扱いされてもいい、ぐらいの覚悟が必要なんすよ。

ただやってる本人は、自分のことを「まとも」だって思ってるんすよね。僕だって、そばから見たらまともじゃない、とんでもないのかもしれないし、実際そう言われることも多いっすけど、自分では何でそう言われるのかわからないですし、自分のことは普通としか思ってないっすよ。よく友達に「俺ってまともだよね？」って言ってるんすけど、「大丈夫？」って聞き返されるっすからね（笑）。

結局、世間一般の人と同じような「まとも」な人間はチャンピオンに上り詰められないし、「まとも」だったらチャンピオンは務まらないってことなんすよね。自己中に自分を信じてなきゃ前に進めないし、常に「俺ならできるわ！」って思ってないと日々戦っていけないっすからね。そういうのって、「普通」な人は言わないなって思うっすよね。

「どうやったら倒せるの？」って聞かれたら、「思いっきり殴んないと、人って倒れないんすよ」って答えるんすけど、「思いっきり殴るなんてできないよ」「やっぱ頭のネジが飛んでるね」って言われるのがオチっすよね。

でも勘違いしてほしくないのは、ネジが飛んでるわけじゃないんすよ。試合の時だけ、ゆるめることができるっていうだけなんすよ。だって本当に頭のネジが飛んでたら、日常生活は送れないっすから。すぐ捕まっちゃうっすよね（笑）。

僕から見て「まともじゃねえな！」って思うのは、やっぱ小笠原瑛作さん（クロスポイント吉祥寺）っすかね。まずあの練習量は異常っす。「何でそんなに練習できるんだよ！」っていっつも思いますもん。でも、実はすごいめんどくさがり屋なんで、出稽古に行くのはイヤみたいで。移動も極力したくなくて、可能な限り、自分の所属するジムで完結させたいっていう人なんすよ。その分、ひとりでラントレしてて８００ｍダッシュできますし、そばに誰もいなくてもすげえ追い込めるんすよね。練習が終わった後のストレッチも、ひとりで30分以上かけてやってるんすよね。もちろん、練習後にストレッチでケアするのは大事っすけど、あんなにやってる人は見ないっすよ。しかもひとりで。コーヒーもメッチャ飲みますし、まともじゃないっすよ。

すごく優しくて後輩への面倒見もいいんすけど、意外とドライで「怖いな」と思うところもあるっすね。白黒ハッキリしてて、人間関係も何かあったらバチン！って切ったりするんすよ。格闘家としてだけじゃなくて、人間としてもすごく教わるところが多いっすね。

勝ちにこだわる理由

格闘家なら、誰でも「勝ちたい」と思うのは当たり前っすよね。僕は、誰よりも勝ちにこだわる度合いが強いと思ってるんすよ。「勝って人生を変えたい」と思って格闘技を始めていて、そのためには絶対遠回りはしたくないんすよね。だから絶対に負けたくないし、やられるならやる側に回りたい気持ちがメチャメチャ強いんすよ。人生を変えたい度合いが強いんで。

僕より、他の選手は「勝ちたい」っていう気持ちが弱いんすよ。他の人に譲りたくないって強く思ってるんで、頭の中は「譲りたくない！　絶対譲りたくない！　ヤだヤだ！」って、子どもみたいに思い込んでるんすよ。その意識は強いっすね。

そうやって自分に言い聞かせてるんで、試合の時も完全に自己中で、がめつく勝ちにいけるんすよね。これは格闘家には絶対大事な要素じゃないっすかね。格闘家じゃなくても、誰かに負けたくないという人、ある集団の中で他と競ってる人には絶対大事っすよね。

受験でも、部活でも、営業でもそうでしょう。平和に過ごしてればいいんだったら別に必要ないっすけど、戦わなきゃいけない状況にある人は、何のために勝たなきゃいけないかを考えて、「勝ちたい！　譲りたくない！」って自分の中で強く思い込むことっすね。

第2章

逆境から立ち上がる「稲妻メンタル」

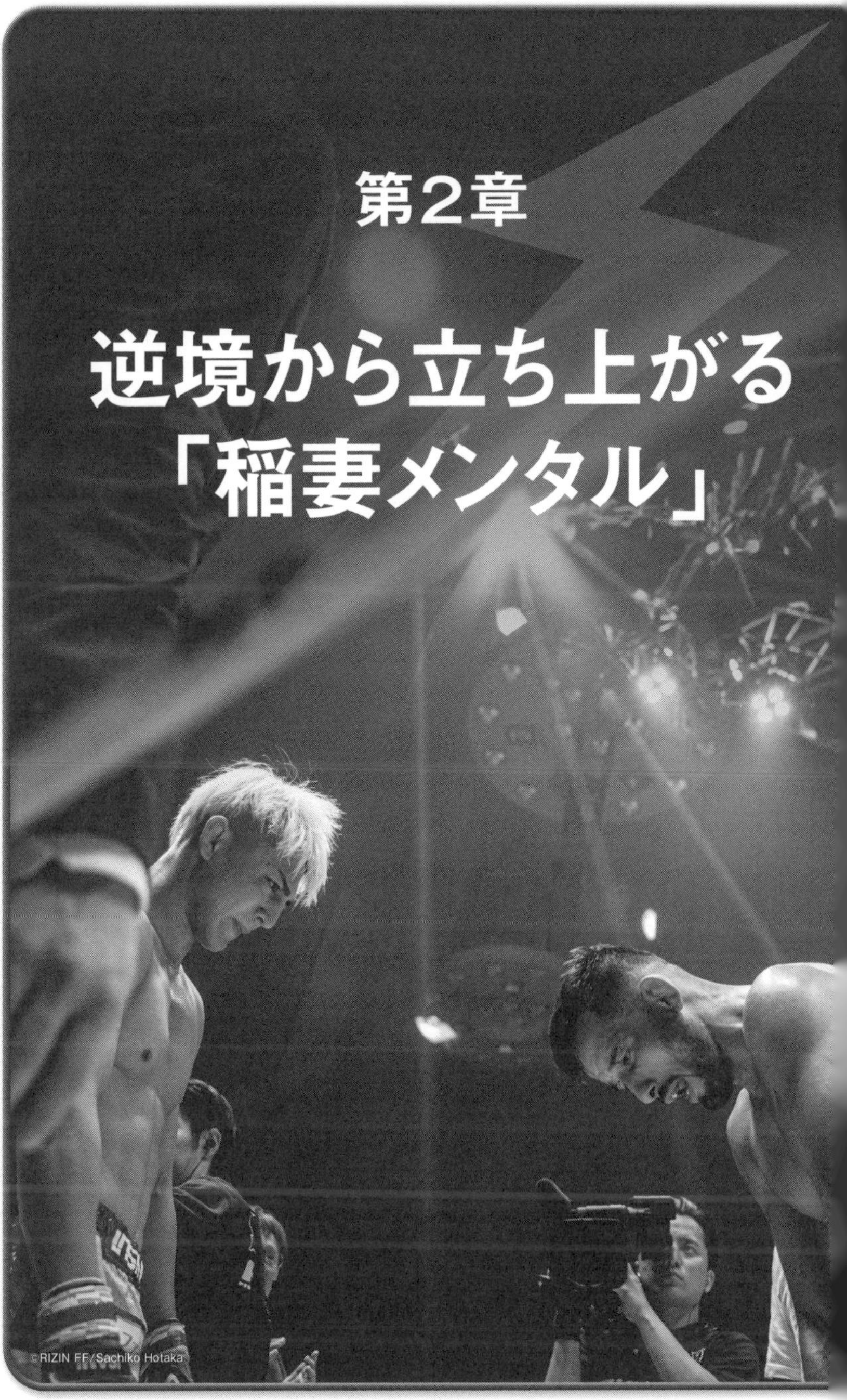

©RIZIN FF/Sachiko Hotaka

逆境に立ち向かうのってカッコいいだろ

人生にはいろんな逆境がやってくるっすよね。何にも逆境がなくてスイスイ人生を渡っていける人なんて、ほとんどいないはずっす。問題は、この逆境に出会った時にどうするかなんすよね。

逆境に負けて戦うのをやめるか、進む道を変えて逆境を避けるか、正面からぶつかって逆境を乗り越えようと頑張るか。どれを選ぶのもその人の自由っすけど、やっぱり逆境と戦って乗り越えれば成長できるし、その後ももっといい道に進めると思うんすよね。

逆境に出会うことってそんなにたくさんあるわけじゃないんすよ。僕は逆境イコール、ターニングポイントだと思ってて、人生の中でターニングポイントの瞬間なんてすげえ少ないんすよね。それに立ち向かっていくのはやっぱカッコいいんすよ。挑戦していく人って、カッコいいじゃないすか。

それを笑う人なんて、ごく一部なんすよ。頑張って乗り越えようとしてる時はそばで笑う声が耳に入ってムカつきますけど、そんなのはほっといていいんす。「誰が何を言おうと、俺は今、カッコいいんだ！」と思って、戦えばいいんすよ！

それから、「俺にはターニングポイントなんてないなあ」「そんなこと言ったって、どこで戦えばいいのかわかんないよ」っていうのもよく聞くっすよね。それは、ターニングポイントを見逃してるんすよ。「あ、ここがターニングポイントだな！　行くぜ！」っていう瞬間を、しっかり見ないといけないんすよ。

そのターニングポイントで戦う自分を「カッコいい」と思ってる人は、戦うべき瞬間を見つけられます。その瞬間って、だいたいカッコいいシチュエーションなんで。試合してる人ってカッコいいっすよね。練習してる人ってカッコいいっすよね。努力してる人ってカッコいいっすよね。真面目に物事に向かう人ってカッコいいっすよね。それをやってれば、絶対戦うべきシチュエーションは見つかるんすよ。

例えば、道を歩いていて人が倒れているのを見かけたとするじゃないすか。道行く人は誰も助けない。そんな時に「あ、今助けたらカッコいいな」で動けばいいんすよ。そしたら、助けた相手が大富豪かもしれないじゃないすか。そこから思わぬ道が開けるかもしれない。もしかしたらその人がイーロン・マスクで、「ありがとう。僕の会社においでよ」って言ってくれるかもしれない。その可能性はゼロじゃないっすよね？

まあそういうことにならなくても、人を助けること自体がカッコいいんすよ。人がやらないことをやる時は、それがカッコいいと思ってやることっす。逆境との戦いでも人助けでも、それは同じっすよね。とにかくやればいいんすよ！

恐怖はごほうび

テスト、受験、就職面接……。こういう時、緊張や恐怖があって、みんな不安になるっすよね。僕はよくファンの方からメッセージをもらうんすけど、「来週面接があります。プレッシャーで押し潰されそうです。どうしたらいいですか？」「明日、部活の試合があります。負けたらと思うと怖いです」とか。

一般の人だと、本当に怖い状況って、人生にどれぐらいあるんすかね？　人にもよると思いますけど、本当に怖いことって10回もないと思うんすよ。

そう考えると、それってめったに体験できないことじゃないすか。だったら、楽しんだほうがいいんすよ。それが毎日あって、「明日も……どうしよう……」って震えてるような状況だったら話は変わるんすけど（それは絶対に環境を変えたほうがいいっす！）、例えば受験だったら、普通は高校と大学、今は中学も多いんすかね、まあ

3〜4回じゃないすか。人生で3〜4回ぐらいだったら、楽しまなきゃ損なんすよ！　やり切って終わった時に「あー、怖かった……」と思うより、「あー楽しかった〜！」と思えるほうが、絶対人生の糧になるじゃないすか。だから、そういう恐怖はごほうびと思ったほうがいいっす。人生を上げ下げしてくれるチャンスタイムなんすから。

その結果によって上がっても下がっても、それを楽しんだほうがいいんすよ。だから「怖い！」じゃなくて、「これは人生で何回かしか来ないチャンスタイムだ！」と思ってやると、勉強とか練習とかも、打ち込む姿勢が変わってくると思うんすよね。

だから僕も、試合を怖いとは思ってないっす。現役の期間を考えたら、30戦できるかどうかじゃないすか。人生の中で、たった30回っすよ？　だったら楽しんでやんなきゃ、絶対損なんすよ！　僕はそう思うんで、恐怖と修羅場はごほうびだと思って楽しんでます。

もちろん、小っちゃい頃の空手の試合とかは怖かったっすよ。父親が厳しかったんで、負けたら会場周辺の立入禁止の場所に連れて行かれて、熱い〝ご指導〟を受けて大泣きで戻るみたいな感じだったんで、負けるのはすげえ怖かったんすよ。

でもそれを乗り越えて、もうすぐ空手をやめるというタイミングになった時に、「あれ、空手の試合ってあと何回やれるんだろう？　これは楽しまなきゃしょうがねえな」と思えたんすよね。そこから恐怖を楽しめるようになって。僕は勉強のほうは頑張ってこなかったんで、高校受験の時も「1回しかないんだからいくしかないっしょ！楽しんじゃおう！」と思って乗り切れたんす。

格闘技では、キックのデビュー戦以降は楽しんでたっす。「格闘技で生きていく」って決めてからは、「絶対楽しもう」と思ってやってます。

仕事でも趣味でも、全力で楽しんでるヤツに勝てるわけがないんすよ！　仕事を仕事としてしか思ってなくて、淡々とやってる人は、仕事を全力で楽しんでる人に勝てないっす。

人生って、上げ下げが醍醐味だと思うんすよね。どん底に落ちて、そこから這い上がって、っていうのが楽しいんすよ。もちろんそんなに上げ下げがない安定した人生に幸せを感じる人もいるでしょうけど、ダイナミックな上げ下げがあるから楽しいんじゃないっすかね。

落ちたらしょうがない。また上がっていくしかないっす。でも、その落ちた経験を楽しんでほしいんすよ。しんどいけど、「いや、あん時はマジきつかったけど、何だかんだ上がってこられたから、楽しめたな」っていうエピソードにしてほしいっすね。

イヤな思い出に足を引っ張られている人たちへ

誰でも、イヤな思い出の一つや二つはあるっすよね。受験で志望校に落ちたとか、就職の面接がうまくいかなかったとか、僕ら格闘家だったら試合に負けたとか。

例えば仕事でうまくいかなかったと強く思ってる人は、転職する時にそれを引きずっちゃうことがあるっすよね。そういう人は「違う職場に行っても、同じことになっちゃったらどうしよう」とか思って、それが足かせになって一歩を踏み出せなくなるんすよ。

それはもったいないっす！　その足かせは外さないとダメなんすよ！

ただこれは簡単じゃなくて、多くの人は、ちょっと改善しただけでまだ足かせは残ってるのに、無理矢理歩き出そうとしちゃうんすよね。同じミスをしないようにするには、その足かせを完全に解除して、自由な状態に戻ってから踏み出さないとダメなんすけど、そこを見誤る人が意外と多いんすよ。

「受験に失敗した。残念だったなー。あの時、勉強が足りなかったなー」で終わって、一歩進んだりとか。でも本当は、そこで「数学が●点だったのは予想以上。でも国語が●点だったのは予想外にダメだった。これは何でだったんだろう。勉強の仕方が悪かったのかな？　もっとこうすればよかったのかも」って細かく見て分析しないと、足かせは本当には外れないんすよ。

こういうふうに考えて外せる人も、もちろんいると思います。でもそこまで考えずに足かせを外せないまま、また進んじゃう人のほうが多いっすよね。

恋愛もそうなんすよ。「フラれた、失敗した。次も同じようにフラれたらどうしよう」。それは足かせがついたままだからそうなるんすよ。「なんでフラれたんだろう？　あの時しつこかったからだな。じゃあ今度はしつこくしないように気をつけよう」。これでガチャッと足かせが外れるんすよ。そこにみんな気づくべきなんすよね。

僕は2018年12月、計量オーバーして試合が中止になるという痛恨のミスをしたことがあります。パンクラスでMMAをやっていた頃、若手のトーナメントである「ネオブラッド・トーナメント」で優勝した次の試合、デビューして8戦目のはずでした。当時、僕は学生で、バイトをしながらMMAをやっていて、最高時で通常74kgから、リミットの57kgに落としてフライ級の試合に出てたんすよ。

当時は減量の知識がなかったというのも事実なんすけど、これは、計量オーバーの

「理由」じゃなくて、全部「言い訳」っす。ただ、みなさんに伝えるためにここでは事実を言わせてください。あの時は減量を始めて、いつも通りにやってたんすけど、成長期でもあったんで、体重が増えてたんすよね。それで減量もあるところでピタッと止まっちゃって、「落ちねえ！」ってなっちゃったんすよ。何も食べてないし、下剤も飲んでるのに、体重が落ちなくなって。

そもそも、下剤を使ってる時点でアウトなんすよ。正しい減量の知識がなくて、「何も食わなきゃいいだろ」「落ちねえ、下剤で出すか」「利尿剤も使うか」って、間違ったことばかりやってました。そんなんで落としてもいいこと一つもない上に、かえって体重が増えていくんすよね。人間の体って、入ってくるものが少なくて飢餓状態になると生命の危機に直面するんで、出すのをセーブするようになるんすよ。それで落ちなくなって脱水状態で倒れて、計量失格しちゃったんすよね。

その結果として、プロの試合なんでペナルティが発生して、当時の自分ではとても返せないような借金を背負うことになってしまいました。そこから地獄の日々が始まったんすよね。朝から夕方まで飲食店で働いて、終わったら1時間後から朝4時まで立ち飲み屋でバイトという日々を10日間続けて日払いでもらって、あとは家族から借りて返済しました。もうあんなことは二度としたくないっすね。

その後、僕はあの時の足かせは完全に外しました。あの頃は練習量が少なかったんで、練習で落ちる分も少なかったんすよね。今は毎日練習ができるので、その分落ちやすいですし、減量を指導してくれるトレーナーもいます。自分でも勉強して知識も増えてるので、食事管理もできてる。だから今は絶対に同じミスはしないっす。もう下剤は100％飲まないっすね（笑）。

悩み事はたくさんあるほうがいい

僕はよくいろんな人から「千裕って悩みがなくていいよね～！」って言われるんすけど、メチャメチャ悩みあるっすよ！　ナメんなと！（笑）

みんな「こんなことで悩んでて～」とか「悩みが多くてイヤだ～」とか言うんすけど、それはいいことなんすよ！　悩み事があるって、人生の醍醐味じゃないすか！悩みのない人生なんて、何が面白いんすか！

ま、「悩みがないのが悩み」って人は気づけてないだけで、考え直したほうがいいんすけど、いろんな悩みがあったほうが、チャンスも増えるし、仲間も増えるし、やり甲斐も増えるし、乗り越えた時に達成感も味わえるじゃないすか。それが人生の面白さだと思うんすよ！

みんな何のために働いてるかって、「やり甲斐」とか「お金」とか「自己実現」とか、理由はそれぞれあるでしょうけど、結局、誰でも人生ずーっと悩んでるんだと思うんすよ。その悩んでる間が楽しいんだと思うんすよね。

だから悩みを抑え込んだり、削ってなくす必要はなくて、悩みを解決していく人生がいいんすよ。「悩みたくない！」じゃなくて、どんどんいろんな悩みが出てきて、それをどんどん解決していくのがいい。悩みが次から次に出てくるのを楽しむのがいいんすよ！

何かに悩むのがきっかけで、いろいろ考えるじゃないすか。それでまたいろんなことにつながるっすよね？　だから悩みにフタをするのは、僕には信じらんないっすね。

僕の最近の悩みは、体重が増えないことっすね。僕は少食なんで、今の階級では体が小さいほうなんすよね。ホントはもっと体をデカくしてベースを強化したいとずっと思ってて。でも、そのためには筋トレを頑張るのが一番っていう解決法がわかって、スッキリしたっす。フィジカルの練習を増やしたら、食う量は変わらなくても、通常体重が１～２kg増えたんすよね。この分は筋肉で増えてて、筋肉は水分を含んでるんで、減量の時にもそんなに邪魔にならないんすよ。すっごく悩んでたんすけど、解決してよかったっすね。

もっとさかのぼると、小学校からずーっと仲良くて毎日一緒に遊んでた友達のことでも悩んでた時期があって。「お前ら、兄弟か？」って言われるぐらいずーっと一緒にいたんすけど、中2の時に、急に付き合いがなくなっちゃったんすよ。お互いにちょっと大人になって、細かいすれ違いがあって、何となくつるまなくなっちゃって。そのまま別の高校に進んじゃって、7年ぐらい空白期間ができちゃったんす。何となく「アイツ、変わっちまったな」と思って連絡も取らなくなって、付き合いがなくなっちゃったんすよね。向こうも同じ頃、「千裕は変わっちまったな」と思ってたみたいで……。

ずーっと、会いたい気持ちはあるけど、変な意地を張っちゃうみたいな期間が続いてたんすね。それが悩みだったんすけど、僕が格闘技の試合に出てるのを見つけて連絡をくれて、7年ぶりに再会してみたら全然昔と変わらなくて、そこからはまたソウルメイトになったんすよね。

悩みがあるのはいいことなんすよ。解決できるんすから。どんどん悩んで、どんどん解決していきましょう！

よーいどん！理論

これはちょっと残酷な話なんすけど……。

多くの人が、人生は生まれた瞬間から「よーいどん！」だと思ってるっすよね。でも実は、これは違うと思うんす。

生まれた瞬間からみんな走り出すのは確かにそうなんすけど、そのスタート地点は横並びじゃないんすよ。人によってだいぶ違いがあるってことです。

まず生まれる場所。平和な国に生まれるか、戦争中の地域で生まれるかでもかなり違うっすよね。それから、裕福な家庭に生まれるか、貧乏な家庭に生まれるかでも、大きな違いが出ます。僕みたいにハーフに生まれるか、そうじゃないか。他にもいろんな条件があって、この違いでスタート地点とか、その後の道の走りやすさとかがメチャクチャ変わってくるんすよ。

僕が生まれた家は貧しかったんすよね。そこで「よーいどん！」で人生が始まって、野球がやりたいと思ったり、剣道がやりたいと思ったりしました。でも、剣道の防具って高いんすよ。野球の道具も一式揃えようと思ったら、けっこうなお金がかかるんすよ。そういう競技は最初からやれないんすよね。

裕福な家に生まれてたら、剣道も野球も心配なくやれるし、「ゴルフがやりたいな」と思ったらクラブ一式揃えてもらって、練習場で練習することも難しくないはずじゃないすか。

習い事に行くのも、裕福な家なら車で送ってもらったり、「じゃあ今日はタクシーで」ってこともあるかもしれないっすよね。でも僕はそんなことはなくて、移動は必ず歩きかチャリでした。小学校から通っていた空手道場の先生は、うちが貧乏だということをわかってくれていて、大変そうな時には「今月は月謝はいらないよ」と言ってくれる人でした。いろいろあったんすけど、あの先生の優しさがなかったら、空手は続けられなかったと思います。

始めるのに、また習うのにお金がかかる競技もたくさんあるんすよね。環境によっては、そういう競技はやりたくてもやれないんすよ。でも、格闘技は比較的お金をかけずに始めることができるんすよ。何なら公園で、上半身裸に素手で壁とか木を殴って練習することもできるじゃないすか。

それから僕はハーフなんすけど、リーチが長いのはそのおかげだと思ってて、これは格闘技では有利じゃないすか。他には、水泳とかでもストロークが長くなるので有利っすよね。

あと、ペルーの血が入ってるから顔が濃いんすよ。体型はズングリムックリなんでモデルとか向かないっすけど、顔は濃いんで、モデルもできるんすよね。

ハーフで生まれたことには、正直メリットもデメリットもあるなって感じてるのは確かっす。でも、これで生まれたんだからしょうがないじゃないすか。この条件で、僕は「よーいどん！」だったんすよ。

だから大事なのは、もともとってる自分の条件を知ることなんすよね。それはしょうがないことなんで。それに、誰のせいでもないんすよ。「家が貧乏なせいでゴルフができない！」って言うのは間違ってるんすよ。それはもう最初の条件なんで。

でも、自分が頑張って稼げるようになったら、その稼ぎでゴルフを始めることは可能じゃないすか。ゴルフがやりたかったら、やれるぐらい稼げるようになればいいんすよ。ゴルフをやるために、貧乏な環境からどう抜け出すか考えればいいんすよ。

ただ、そうやって環境を変えるために頑張ってる間に、もともと裕福な家に生まれた人は、早くから習い始めたり、パーソナルコーチをつけてどんどん上達していったりしてるんすよね。そこでどんどん差がつくのは事実だし、それはどうしようもないっす。

環境を整えてからやっと始めるんだったら、すでに差がついてるんで、その差を埋めるにはハングリー精神しかないんすよ。それはだいぶ大変なんで、本気でやろうとするならかなりの覚悟が必要っすよね。

まず「よーいどん！」の時に、自分の位置、自分の環境を知ることっす。不利な環境だったら認めたくないっすけど、認めないといけないんすよ。それは変えられないんで。生まれた環境は変えられない。体格も顔も変えられない。そこから追い着きたかったら、何をどう頑張るか。それに気づかない限りは、優位に進められないっす。

“あの時”に戻りたくない、もう戻りたくない

本格的に格闘技のプロを目指し始めるまで、僕の生活はどこを取ってもいいものではなかったんすよ。子どもの頃は家が貧乏でした。心が貧しかった時代も長かったっすね。学校から帰ってきても、親は共働きなんで誰もいないし、父親が帰ってくるのは3日に1回ぐらいとか。友達と公園で遊んでたら、その友達の親が迎えに来てくれるのがうらやましかったっすね。家族旅行なんて全然なかったですし。

夏休みもイヤだったっすね。普段は学校があるんで、給食が食えるじゃないすか。夏休みはそれがないんで、家でカップ麺ばっかりなんすよ。冷蔵庫を勝手に漁《あさ》って、何かあったら自分で料理して食ってましたね。とにかく小遣いもなかったんで、賽銭《さいせん》泥棒もしましたし、自販機のおつりのところを探したりとか。今だから言えるんすけど、兄貴と一緒に親の財布からお金を抜き取ったりもしてました。

それがバレたこともあるんすよ。ある時、母から「お金盗ってる?」って聞かれて。「盗ってないよ」って答えるんすけど、まあバレてるじゃないすか。でも、母は「あそう。盗るんじゃないよ」って言うだけで、それ以上は責めなかったんすよね。

あの時の母はどういうつもりだったのか、いまだにわからないんすよ。原因をつくってたのが家の貧乏だったから申し訳なく思ってたのか、許してくれたのか。この本をきっかけに、聞いてみたいっすね。

バイトをしながら格闘技の練習を始めても、お金の問題は常について回りましたし、周りからの信頼もなかったり、プロになってもまだ注目もされなくてファンがいなかった時代もありました。

今はそんな時代を乗り越えて、勝つことができてチャンピオンにもなって、ありがたいことにファンの人もたくさんいてくれるようになったっすよね。だから、うまくいってなかった〝あの時〟にはもう絶対に戻りたくないんすよ。もう戻りたくないっす。だから僕は負けたくないんすよ。

「もうこれだけ上に来たんだから、あの頃に戻るなんてことはないでしょ」って思うっすよね？　でも僕の感覚は違うんすよ。一つでも負けると、僕の中で気持ちが戻るんすよ。僕の人生が一歩進められないというか、すごろくで言うと、サイコロを振ってるのに後ろに下がっちゃうというか、そういう感じになっちゃうんすよね。

それがとにかくイヤで、負けたら収入も少なくなって、「負け続けたらまたバイトしながらやらないといけなくなるかもしれない」とか、そういうのを考えれば考えるほど、もう負けたくないっすよね。

食中毒を2日で完治させる方法

今年に入って、タイ修行に行った時に食中毒にかかったんすけど、2日で治したんすよ。あ、これはあくまで僕の話っすよ。

まず、薬飲むのは当然っすよね。それでも吐いたりとかするんすけど、ここで体温とか測っちゃダメっす。例えば38度とか出た時点で、「うわー、38度もあるよ」って認知しちゃうじゃないすか。測んなければわかんないし、「まあ36度5分ぐらいかな。平熱だよな」って思ってればいいんす。それから、自分が食中毒だって認めないこと。これが大事っす。

「この薬を飲んだら、1週間で治るよ」とか、そんな説明も聞いちゃダメっす。薬だけもらってとにかく飲んで、熱も計んないで、あとは寝てること。それで「あー、2日ぐらいで治るだろ」って気持ちでいると、何とかなったんすよ。人間って不思議なもんで。

これは科学的な根拠もあって、人間って認識しちゃうとそれに引っ張られちゃうんすよね。ゴルフや野球で言う「イップス」とかもそうで、そういう知識があるからそれになっちゃうと思うんすよ。そういう現象があるなんて知らなかったら、ならないかもしれないじゃないすか。

とにかく認めちゃいけないんすよ。どっかぶつけて痛いって時も、「いてぇ〜！」って思うから痛いんすよ。「こんなん、みんななってることっすよね？」みたいな感覚でいたら、痛みも感じないんすよ。気合いっす。気合いがあれば、だいたいのものは大丈夫なんすよ。

とはいえ、ホントに症状がひどかったり、異常がある場合はすぐ病院に行ったり、救急車を呼んだりしないとダメっすよ。これはあくまで「俺が最近こうした」っていう話なんで。マネはしないでください！（笑）

心が折れない限り真の敗北はない

格闘技だけじゃなくて、世の中のあらゆることに勝ち負けはつきものじゃないっすか。それは当たり前なんすけど、負けた時に心が折れちゃいけないんすよ。心が折れた時って、もうそれをやめる時なんすよ。逆にその折れる音を聞かなければ、目の前の勝負に負けたからって、真の敗北ではないんすよね。また勝負して、今度は勝つ可能性があるわけっすから。

「負けた……。でも、次こそは！」って思えるうちは、まだ負けてないんすよ。でも、「あー、もういいや。こんなしんどい思いしても勝てないし、もう何やっても勝てないよ」って思っちゃったら、心が折れて再び立ち上がることはできないんすよね。それが真の敗北なんすよ。

先輩も後輩も、心が折れてやめていっちゃう選手はたくさん見ました。でもそれも、人生における負けじゃないんで、何か違う道でまた進んでいけばいいんすよ。

また、心が折れた場合も骨折と一緒で、修復できることはできるんすよね。なかなか難しかったりもしますけど、時間をかければ、折れたと思ってもまた立ち上がることは可能っす。その時に欠かせないのが、仲間の存在なんすよ。折れたヤツの周りに集まって、元気づけて、励ましてくれることで、折れたところを修復することができるんすよね。

でも本当に時間がかかるし、また立ち上がるのは大変っす。だから真の敗北はしちゃいけないんすよ。ただ負けただけだったら、またすぐに立ち上がればいいだけっすからね。

どん底に落ちる覚悟をもって這い上がる

何かに挑戦してる人たちの人生って、必ずジェットコースターになるんすよ。ワーッと上がる瞬間もあれば、ドーンと下がる瞬間もあるっすよね。それは戦ってる以上避けられないことだし、大なり小なり、必ずあるんすよね。

落ちるのは怖いんでブレーキをかけがちなんすけど、落ちる時は落ちるんすよ。そういう時はどうしてもあるんで、しょうがないんすよ。それに落ちた時は負けじゃなくて、僕はむしろチャンスだと思ってるので。

だって、そこからはもう上がっていくしかないじゃないすか。ドカーン！　と上がればいいんすよ。むしろ深く落ちきったら、それだけ勢いをつけてボーン！　と上がれるってことっすよね。それはきっと気持ちいいじゃないすか。

それに、どん底から上がろうとしてる時って、上からロープを垂らしてくれる人がいるもんなんすよ。その助けも借りればいいし、そこでまた大事なものがわかるっすよね。その時にロープを垂らしてくれる人は、人生の中で本当に大事にしたほうがいい人なんすよ。

ただし、40代、50代で落ちるのは危険もあるでしょうね。若い時と違って、再起して上っていくのも大変ですし、また上がる力はあんまり残ってないかもしれない。そこは慎重になったほうがいいかもしれないっすね。

20代、30代は、落ちるのを怖がらずに、何でもやればいいんすよ。またすぐ這い上がれるんで。

僕も試合に負けた時とか、落ちた瞬間はいくつもありました。でもそこでやめなかったのは、落ちても「俺ならやれる」「俺はまた這い上がれる」って、ずっと信じてたから。

ただその時、頼るのは直感じゃないんすよね。「こうしてこうして、こうすればもう1回這い上がれる」ってプランを考えて、計算して這い上がるっす。そうすれば、確信をもって上がれるっす。

あと、落ちた時に面白いことが一つあって、周りの人間で「離れていく人」と「残る人」がキレイに分かれるんすよ。これが見られるのは、落ちた時の楽しさの一つっすね。それを含めて楽しんだほうがいいんじゃないっすかね。どうせ落ちるなら楽しんだほうがいいっすからね。

「あー、この人はあんなこと言ってたけど、こんな感じで離れるんだ……」とか「この人とはすごく深い話をしてたわけでもないけど、残って見守ってくれるんだなあ」とか、ホントにいろんなものが見えるっすからね。そこで残って支えてくれる人が、本当の仲間なんすよ。

また、マイナスに落ち込んでゼロまで上がろうとしてる時に、フッと戻ってきてくれる人もいるんすよ。そういう人は「久しぶり！　ずっといなくてゴメンね！」って感じでそこから支えてくれて、その後は真の仲間になっていくんすけど、しばらく経ってプラスになってからトップまでの道のりの時に戻ってくる人もいて、これは完全にビジネスの人っす。相手がダメになった時は見捨てて、這い上がらなければそのまま。復活してきたのを見て、調子よく戻ってきた人っすね。これは気をつけないといけないっす。

どん底に落ちて這い上がる時っていうのは、その仲間が信頼できる真の仲間なのかどうかがわかる期間でもありますし、結局自分がどこに頼れるかっていうのが、よくわかる期間でもあるんすよね。一番しんどい時に頼れる相手っていうのは限られてるんで、「あ、自分にとってはコイツだったんだな」っていうのに気づける時でもあるんすよ。

這い上がる方法

這い上がるには、現状を認めるところから始めないとダメっすね。自分がいかにどん底にいるか、ひどい状態にあるかを認めないとダメっす。まずこれができない人が多いんすよ。認めたがらない人は多いっすね。

　這い上がってどうなるかというビジョンも必要っす。僕は、格闘技で稼いで、買いたいものをいつでも買う、食いたい時に食いたいものを食う、そして大切な人を手に入れる、そういう気持ちがあるっす。

　そのためには結果を出していかないといけないっすよね。でも、100％うまくいくなんてことはないんで、失敗する時もあるんすよ。そういう時にどうするか。

　僕はクレベル・コイケ選手（ボンサイ柔術）にやられた時に、悔しくて、大泣きしたんすけど、ひとりになった時に鏡を見て、「受け入れろ！」ってハッキリ言ったんすよね。鏡の中の自分の顔は、負けた後なんで見たくないっすよ。でもそこで鏡の中の自分とにらめっこしながら、「受け入れろ！　目を背けんな！　ちゃんと認めろ！」って大泣きしながら言ってたんすよ。

　僕が悔しさの〝原液〟って呼んでるものがあるんすけど、その〝原液〟が濃ければ濃いほど、悔しさは継続するんすよ。負けても目を背けて受け入れなくて、それで平気になる人たちは、その濃度が最初から薄いんすよ。濃度ってすげえ濃くても、水を入れていけばどんどん薄くなっていくじゃないすか。その水にあたるものが時間だと思ってて、最初は濃かった原液も1日経つとけっこう薄くなってるんすよ。

もともと薄かった人は3〜4日でメチャメチャ薄まるんで、負けたこと、失敗したことを忘れちゃうんすけど、僕は最初にメチャメチャ濃い原液をちゃんと受け入れたんで、悔しい期間がメチャメチャ長いんすよね。

その濃度が高ければ高いほど、這い上がる気持ちが段違いに強くなるんすよ。だからこそ、失敗とか現実をしっかり受け入れないといけないんすよね。

家庭に恵まれなかった。周りは恵まれてる。でも受け入れる。その現状を受け入れて、それを濃度に変えて長い日々を過ごしていくんすよね。それが這い上がる方法になっていくと思うっす。

ちなみにクレベル選手に負けた時、同じ控室だったザック・ゼイン（アメリカ）という選手に声をかけられたんすよね。ザック選手もその日は矢地祐介選手（フリー）に負けて、ふたりで大泣きしたんすけど、ザック選手は翻訳アプリを使って話しかけてくれて、「ブラザー、俺たちは今日は負けた。今日はそういう日だ。でも次は必ず俺たちは勝利し、神様は必ず俺たちの味方をしてくれる」って言葉をかけてくれたんすよ。それで僕はすごく救われたっすね。

リング上には神はいないかもしれないっすけど、心を支える神はいるんだなって、そこで学んだっすね。

第３章

壁を打ち破る「稲妻メンタル」

©Def Fellow

理不尽なことに立ち向かう勇気

生きてたら理不尽なことはたくさんあるっすよね。学校でも職場でも、「何でだよ！」と思うような理不尽な場面に出会うことはけっこうあると思います。

理不尽な目にあった時に一番ダメなのは、「何で俺だけこんな目に……」って愚痴《ぐち》って終わること。それだと、原因になった理不尽は変わってないじゃないすか。「アイツ、また理不尽なことしてきたんだよねー」って愚痴っても、その「アイツ」には何の影響もないから、また理不尽な目にあわされるっすよね？ そんなエンドレス・ゲームに巻き込まれてたらホントにダメで、これは立ち向かうしかないんすよ。

理不尽なことを言われたら、「いや、それはおかしいっすよ！」ってストレートに言わないと、変わっていかないんすよ。でも、例えば部活の先輩とか職場の上司とかが相手だったら、それを言うと居づらくなりますよね。特に日本人は、居づらくなるのを恐れて自分の中に抱え込んじゃう人が多いんすよ。「我慢してればいいんだ」って。

確かに、先輩や上司にハッキリもの申したら、そこに居づらくなるっすけど、じゃあ理不尽なことを言われるままだったらいいのかって話じゃないすか。それだって十分居づらいっすよね？　だったら、頑張ってハッキリ言うほうがいいっすよ。

外国人、特にアメリカなんかではすげえハッキリ言うっすよね。「それウザい！やめて！」「しつこい！」「イヤだ！」って。それだけハッキリ言えば、変わる可能性は高くなるんすよ。

僕も昔、ある人にふざけて絡んでたら「しつこい！　やめて！」って言われたことがあるっす。「あ、この子はこうしたらダメなんだな」と思って、それ以来絡むのはやめました。

まあでも、日本社会ではこんなふうにハッキリ言うのは勇気が必要っすよね。勇気を振り絞る必要があります。言うのは怖いんすけど、言わないでそのままの状況が続くのはもっと怖いっすよ。言えないまま抱え込んで、思い余って自殺しちゃう人もいるじゃないすか。そんなん、絶対ダメっすよ。

で、言う時は逆上して言うんじゃなくて、しっかり丁寧に言葉を重ねることが大事っす。「アナタのこういう言葉をこう感じていて、イヤなのでやめてください」と。丁寧に、でもビシッと言うのが大事なんすよ。それでも変わらなかったら、もう一発言ってやればいい。それでもまだダメだったら、もっと上の人に相談するとか、いっそのこと法的手段に出ればいいんすよ！

行動に出れば、その反応によって次に取るべき道は見えてくるんすよ。でも、何も言わないで、じーっと我慢してるだけだったら、解決方法は何も見えてこないじゃないすか。理不尽なことを言われてる時点で、その人からはよく思われてないんすから、もうこれ以上どうなっても変わらないっすよね。だからもう、言っていいんすよ。

状況を変えずにずーっとエンドレス・ゲームの中で悩み続けるのか、勇気を振り絞ってそこから抜け出すために戦うのか。抜け出したいのなら、怖いとは思うっすけど、戦うしかないっす。頑張ってください！

20歳過ぎたら精神年齢。先輩は実力で超えろ！

20歳を過ぎて年齢にこだわる人はダメっすね！　少なくとも僕はそう思ってます。逆に年齢に関係なく判断してくれる人と接すると、「あ、この人はできる人なんだな」って思うんすよ。

20歳で億万長者になってる人もいるし、20代前半とか、何なら10代でも仕事できる人っていっぱいいるじゃないすか。

でも、「若いからできないよね」って簡単に決めつける人がけっこう多いんすよ！特に格闘技の世界ではそれが多くて、最初、10代とかで入門したら、当然下に見られるじゃないすか。ジムの掃除をしたり、雑用をやらされたりするんすよね。最初はそれが当たり前っすけど、歳が上っていうだけで、いつまでもその関係のままでいられると思ってる人も多くて。そういう人はもう置いといて、年齢とか関係なく中身を見てくれる人とつるまないとダメだってわかったんすよ。

ジムの中で一番強くなって、年上の先輩も強さで超えちゃえば、「掃除しなくていいから練習しなよ」って言ってくれたり、試合前だったらミット打ちを優先してくれる人も出てきます。そういう人とは付き合えますけど、「強さとか関係ない。若手なんだから掃除やれよ」って人とは、関係も築けないっすよね。格闘技の世界は特に、実力の世界なんすから。

逆に、超えられないことを年齢のせいにする若手も多いんすよ。「あの人はもう30歳だし」とか「歳いってるから」とか。そうじゃなくて、若手のほうは「20歳過ぎたら精神年齢だから、歳上の人たちとも同じ土俵で勝負できるようにならなきゃ」と思って行動しないと、突出はできないなって思うんすよ。

僕は、確かに社会経験はまだ浅いっす。年数だけだったらぺーぺーだと思います。

でも「先輩とか全員、技量で超えてやるよ！」っていう覚悟が必要だなってわかって、そっから考えが変わったっすね。

年齢は、誰でも、イヤでも増えていくじゃないすか。誰でも何をやってても同じように歳は取るんすよ。1年間部屋にこもって、誰とも話さなくても歳は取るっすよね。でも、それじゃ精神年齢は上がらないっすよね？

いろんなところに行っていろんな経験をして、喜怒哀楽、つらい、キツい、楽しい、全部含めて味わっていくごとに、経験値が上がっていくわけじゃないすか。それをやっていかないとダメだと思うっすね。

泣きながら帰った帰り道

僕は高1の時、バイトでお金を貯めてクロスポイント吉祥寺に入会し、本格的に格闘技を始めました。はじめからプロになるつもりで入ったんすけど、最初は柔術クラスとかでも、オジサン会員に全然勝てないんすよ。プロの先輩にはもちろん勝てないし、他の会員さんたちにも、まあ勝てない。

コテンパンにされても練習し続けて、めげずに通い続けてたんすけど、相変わらず勝てないんすよね。で、1年ぐらい通った頃に、ふと思ったんすよ。「何で俺は毎日通ってんのに、週1~2回とかしか来ない会員さんに勝てねえんだ？　今日こそ全員やってやるぜ！」って。でも、その日もやっぱり勝てないんすよ。そりゃそうっすよね、ある日突然勝てるようにはならないっすよ。

柔術でも勝てない、キックでも勝てない、ＭＭＡでも勝てない。それで11時ぐらいに帰るんすけど、電車に乗って家に帰り着くのは12時近くになって。その時に、涙が出始めて、止まらなくなったんすよね。

「何で俺、こんなに練習してんのに勝てねえんだよ！」って思いが止まらなくなって。気づいたら、家の近くにあった古いバス停の標識をバコーン！　って殴ってました。

その後もやっぱり勝てなくて、泣きながら帰ることも多かったんすけど、あの時期はキツかったっすね。でも、そのうちに一部の会員さんに、ちょっとずつ勝てるようになってきて、だんだんと勝てることが増えてきたんすよ。

もちろん、勝てなかった時期はイヤにもなりました。でも、やめようと思ったことはなかったっすね。だって、やめてしまうことのほうが怖かったっすから。格闘技をやめたら、自分には何も残らないことがわかってたっすからね。

この時期は、いわゆる〝下積み〟っすよね。あの頃の経験が自分のベースにあるのは確かで、やっぱり下積みは大事だなと思うっすね。もう泣きながら帰るのはゴメンっすから（笑）。

「これ以上動けない」と思う時は案外動ける

これは、同じジムの小笠原瑛作さんの教えっすね。

僕らだったら試合前、一般の人だったら受験前とか、勝負どころの追い込み期間ってあるじゃないすか。頑張って追い込むっすけど、やっぱりどうしてもしんどくて、「もう動けねえ！」「これ以上やれねえ！」って時はあると思います。

僕はラントレで４００mダッシュとかもやるんすけど、やってると「もうこれ以上は無理！」って思うっすよ。でも、瑛作さんは「人間、案外そこから動けるよ」って言ってくれたんす。

最初は「何言ってんすか！　そんなこと言っても、これ以上はもう動けないっすよ！」って思ってたんすけど、実際にやってみたら、確かに案外走れるんすよね。

それがわかってからは、例えばサンドバッグを相手にパンチのラッシュをやってて「もうダメだ！」と感じる瞬間があっても、「いや、案外ここからまだ動ける！」と思ってもうひと絞りいけるんすよ。僕は実際それでパフォーマンスが上がったっすから。勉強だってそうだと思うんすよね。僕はこのことがわかった後に勉強したことがないんで、実感ってわけじゃないんすけど、同じじゃないかと思うっすよ。「もう限界！これ以上は無理！」ってとこから、案外もう2、3歩進めるんすよ。

人間って、実は「あと3歩！」ってとこで勝利とか幸福を掴めずに諦めてる場面がけっこう多いと思うんすよ。その時は「もうこれ以上、一歩も前に進めねえ！」って止まっちゃうんすけど、実はあと3歩先に、天国が待ってるんすよね。だから、その手前で「もう無理」って勝手に思い込んで足を止めちゃうのはものすごくもったいない。

どんなにつらくても、「いや、ここから案外2、3歩は進める」ってことを思い出してほしいっすね。その時点ではるか手前だったら無理っすけど、「あとちょっと」ってことも多いっすから。そこで振り絞るかどうかで、結果は大きく変わると思うっすよ。

踏み出す勇気がないなら、背中を押してもらえ

もう題名も忘れちゃったんすけど、僕が小学校の時に読んだお話で、「背中を押してくれる天使」の物語があったんすよ。ある男の子が、何かをするのに怖がってなかなか踏み出せない時に、天使がポン！　と背中を押してくれる、っていう話で。そこでは天使が背中を押してるんすけど、実際に押してるのは友達の手なんすね。

実際、「どうしよう、右に行けばいいのか、左に行けばいいのかわからない……」ってなってる時に、友達とか周りの人が「とりあえず右でいいんじゃない？」って軽く言ってくれることで、スッと一歩踏み出せたってことはあるんすよね。

結局、何でもそうっすけど、自分ひとりで全部抱え込んじゃうと、大変なんすよ。頭が混乱して、「もう何も判断できない！」っていう状態になったり、「こっちに行ったらこうなりそう、でもあっちに行ったらもっとヤバいかも……」とかいろいろ考えちゃって、どっちにも踏み出す勇気がなくなってしまうってこともあるじゃないすか。そういう時には、もう周囲の人に判断を任せて、背中を押してもらえばいいんすよ。「何だ、結局どっちに行っても同じだったな。とにかく一歩踏み出せばいいだけだったん

だ」ってこともあるっすからね。

僕も優柔不断なところがあるんで、ごはんを決められない時とかもあるんすよ。そんな時に「こっちがいいんじゃない？」とか軽く言ってくれる仲間とか、ホントに助かるっす。その時に言われた通りにしなくて、「いや、やっぱこれにするわ」っていうのも、大げさかもしれないっすけど一つの勇気なんすよ。答えを出してるわけっすからね。

そういうきっかけになるのは友達とか、あと僕の場合はジムの山口元気会長の場合も多いっす。判断を迷ってる時、「千裕はこっちに行ったほうがいいんじゃない？」とかパッと言ってくれるんすよ。会長は若い時に選手として活躍して、それからジムを出して大会も開いて、格闘技全体の経験がものすごくあるっすからね。

職場だったら、上司っすよね。自分より経験があって、見守ってくれていて、もし何かあったら責任を取ってくれる。そういう上司が「こっちでいいんじゃないか」って言ってくれたら、それは勇気が出るっすよ。

そうやって自分の弱いところを後押ししてくれるような人を見つけると、それも強くなるのにつながるんすよね。そうしているうちに、自分ひとりの判断で踏み出せるようになるんで。昔、月に降り立った宇宙飛行士が、「この一歩はひとりの人間にとっては小さい一歩だが、人類にとっては偉大な一歩だ」って言ってたじゃないすか。それなんすよ。何かに踏み出す一歩は、そこでは小さい一歩でも、後から見たら「あの時のあの一歩が大きかったな」ってなるかもしれないじゃないすか。1回、踏み出せた人は、2回目も踏み出せますからね。最終的には自分を信じることっす。

ベテランを追い越すには、そばで全部マネしろ

先輩っていうのは、やっぱ超えなきゃいけない存在っすよね。職場でも、下っ端から始まって、みんなトップに行きたいわけじゃないですか。トップに行けば自分のポジションもつくれるし、もう先輩でも関係なく「あれやっといて」って言えますよね。そのポジションを勝ち取るには、上を黙らせるしかないんすよね。だから上、先輩を詰めるしかないんすよ。

詰める方法は、まずは全部マネっこすることっすね。僕はこれでずっとやってきたんで。最初はバイト先でやったんすけど、そもそも僕がバイトに向いてなかったんで、それは投げ出したんすよ。でも、僕が命を懸ける格闘技だけは譲らないって決めた時

から、ジムでそれをやり始めました。

僕がやった方法は、ジムで一番強い人のそばについて、ひたすらその先輩のマネっこをするっていうことっす。その上で、その先輩に足りない技術を補って、超えようとしてきました。それをずっとやってたら、チャンピオンになれたっす。

最初は、はじめに通っていた空手道場の恩師。それからクロスポイントに来てから、キックボクシングでは小笠原瑛作さん、日菜太さん（ReactGym Shonan）のことをひたすらマネしたっすね。瑛作さんは、誰よりも練習して、誰よりもテクニックがあるんすよ。スピードもパワーもあって、全体的に強いんすよ。

僕はそんな瑛作さんの練習を全部そばでマネしたんすよ。瑛作さんが土曜日の午前中、ひとりで走りに行ってたら「瑛作さん、俺も走るんでお願いします！」って横を走る。「いつ練習してるんすか？」「月曜は朝練やってるよ」。そしたら朝練を一緒にやる。「夜はどうしてるんすか？」「ストレッチでケアしてるよ」。俺は全然ケアしてなかったんすけど、「じゃあ俺もやるっす！」。それで当時2万円ぐらいして高かったんすけど、ストレッチポールを買ったっす。

日菜太さんは不器用なんすけど、「これ！」っていう必殺技をもってるんすよ。あの蹴りっすよね。自分の欠点であるパンチはほとんど練習しなくて、蹴りの練習ばっかりやるから、蹴りがメチャメチャ強いんすよね。そんな日菜太さんが必殺技を磨くやり方をずっと見て、マネさせてもらって。僕の場合はパンチが得意だったんで、それを突き詰めました。

格闘技の場合は階級があるじゃないすか。瑛作さんは僕より軽い階級で、日菜太さんは重い階級だったんで、直接超える機会はないんすけど、僕は僕の実績で超えるように頑張りました。で、リスペクトがあるんで、先輩の足りないところは僕から言うんすよ。「先輩、これをプラスすれば絶対もっと強くなれますよ」って。先輩たちをマネしてるうちに、それを言えるまでになったんすよ。それは僕がリスペクトをもっていたからだし、先輩たちが親身になって教えてくれたからなんす。生意気な後輩だったら、教えてはくれないっすからね。リスペクトは大きなポイントっす。

仕事でも同じだと思うんすよね。応用するなら、こんな感じだと思うんす。まず、一番仕事ができる上司のところに行って、「勉強させてください！」って言うんすよ。好きな先輩だったらマネしやすいっすけど、嫌いな先輩だとしても食らいつくんす。そこから、どんな理不尽な思いをしてもそばについて、全部見てマネするんす。毎日何をやってるかとか、どんなところに気を配ってるかとか、全部細かく見て、パクろうとするんす。

パクった上で、その上司に足りない要素を他の人に聞いて、そこにプラスしていくんす。それから、上司について他の人たちの愚痴を聞いていくんす。愚痴って、その人の欠点を突いてるんで。上司をマネして、その周りの人と飲みに行って愚痴を聞いて、「あ、ここがこの人の欠点か。じゃあ俺はそれをしないようにしよう」って取り入れるんす。その瞬間、上司よりも能力が1個プラスになってるんすよ。マネっこプラス、オリジナルがあるんで。

それをしばらくやっていって、「千裕君のほうが●●さんよりできるね」って言われるようになったらしめたもの。「●●さんはこれができないけど、千裕君はできるんだね」って。上司と同じ能力を持った上で、その人について愚痴られる部分もフォローしてるんで、そりゃあ僕のほうがよく見えますよね。

しかもここで、歳下で下のポジションにいるっていうのがポイントなんすよ。上司に比べても伸びしろしかないじゃないすか。上司から見て「千裕、だんだん伸びてきたな。もう俺と同じぐらいできるかも。しかもコイツにはオリジナルがある。ヤベ！」ってなった時には、僕はもうポジションを取ってるんすよ。そしたら先輩にちょっとした仕事とかお願いできるようになるんすよね。

これ、先輩は断れないんすよ。ここまで僕がずーっとリスペクトをもってマネっこしてるんで。「俺の考えを評価して受け継いでくれてるんだな」と思うと、先輩も悪い気はしないっすからね。ここで大事なのは、「先輩、アレやっといてください」って上から言うんじゃなくて、「先輩のおかげでここまでこられました。これからも一緒に仕事していきたいです」って態度を出し続けることっすね。

そしたら、先輩も僕を追い抜き返そうと思ってまた能力をつけていきますし、僕も追い越されないように頑張るじゃないすか。これでふたり揃って上がっていけるんすよね。こうしていけば、若手でもベテランを詰めて追い越すことができるっす。

若手はベテランを引退させなければならない

これは特に格闘技に言える話なんすけど、いつの時代も若手は頑張って、上にいるベテランに勝って引退に追い込まなきゃ時代が変わっていかないんすよ。

格闘技って、人とか環境にもよるっすけど、30代がピークなんすよね。だいたい30～35歳くらいで引退する人がほとんどで、40歳まで現役で残ってる人は少ないじゃないすか。

そこまで残ってる人って、勝てるから残ってるわけっすよね。40を過ぎても、イキのいい若手が来ようがどうしようが、しのいで勝てるから、「また続けようか」って思うんじゃないっすかね。

でもそこで失神KOを食らって負けたら、考え直すと思うんすよ。「まだ続けてていいのかな……」って。そこで「これ以上はもう通用しないのかな」って思ったら、引退を考えるっすよね。

だから、ずっと上にいるベテランをどかすには、勝つしかないんすよ。若手がぶっ飛ばして、「もうダメだな」って思わせるしかないんすよ。そして、ベテランもたぶんそれを望んでるんすよね。たぶん、続けながらも「俺、いつまでやるんだろうな」と思ってるんすよ。でも勝ててるうちは、「まだやれるな」と思って続ける。その考えを変えるには、ぶっ倒されるしかないと思うんすよね。

踏ん切りがつかないベテランに引導を渡すのは、若手の役目なんすよ。ジム内で言ったら後輩の役目っすよね。ジム内の練習で後輩に歯が立たなくなって引退を決意するってケースも実際あるっすから。「俺、後輩にも勝てねえんだ。もう限界なんだな」って。

これは残酷な話かもしれないっすけど、現役で格闘技を続けるだけが人生じゃないっすからね。引退すれば引退したで、新たな道を見つければいいし、いつかはそれをやらないといけないわけじゃないすか。だから若手は、ベテランを引退させるために勝たないといけないんすよ。

一方でベテランは、若手に超えられないために〝壁〟にならなきゃいけないっすよね。「お前、まだそれじゃ勝てないよ」「そうはいかないよ」っていうのを示していかないと、若手も育たないじゃないすか。若手は跳ね返されれば、「チクショー！ 次は勝ってやる！」と思ってもっと強くなるっすよね。それである日、超えればいいんすよ。

職場だってそうっすよね。もう新しい仕事は生み出さないけど、今までのやり方で上にいられる人っているじゃないすか。そういう人には「ちょっと横にズレてもらっていいっすか？ 後は俺が仕切りますんで」って交代してもらわないと、会社の循環と成長が止まるっすよね。

僕もベテラン選手との試合は、引退させるために戦います。「引退しろ」ってわけじゃなくて、あくまで引退へのきっかけを気づかせてあげるってことっす。もしもそれで勝てなかったら、「あんた、ヤバいっすわ。まだまだ現役で頑張ってください」って言うと思います（笑）。でも、それはないっすけどね。

覚醒したければごほうびを決めろ

大きな勝負に出る時は、最大のごほうびを決めとくといいっす。例えば、「次の試合に勝ったら家を買おう」とか。そしたらメチャメチャ気合いが入るっすよね。「うぉー、次勝ったら家買うぞ～！」って感じになって、生半可な気持ちじゃなくなるんすよ。

「勝って、子どもにおもちゃ買ってやるぞ！」でも、「勝ったら家族を旅行に連れてくぞ！」でも何でもいいんすけど、報酬を自分の中で決めておくと、つらい時に頑張れるんすよね。

最初はただ勝つために やってると思うっすけど、もう一つ覚醒できれば、もっといいじゃないすか。ごほうびを決めてれば、練習がしんどい時でも子どもの顔が思い浮かんで、「おーし、絶対笑顔にしてやる！」とか。心の中から湧いて出てくるものがあると、もうひと頑張りできるんすよ。

覚醒したければ、自分の挑戦しているものにごほうびを決めるといいっす。

僕はこれまでの試合では、「勝って子どもイベントを大きくしてやる！」と思って戦ったこともありますし、母親にインプラントをプレゼントしたこともあったっす。でも一番のごほうびになったのは、やっぱりチャンピオンベルトっすね。自分で買うものじゃないっすけど。「絶対一番になってやる！」って思ってたんで、ベルトはその象徴じゃないすか。

次は「絶対防衛してやる！」っすね。勝って勝って、防衛して防衛して「絶対王者」と呼ばれるようになるのがその先のごほうびっすね。だからさっきは何か買うものを例に挙げましたけど、必ずしもそうじゃなくてもいいんすよ。「勝てばこれが手に入る」って意味では同じっすから。

買い物的なものは、僕がゴールにたどり着けば、全部手に入れられるっすからね。僕の場合はそういうのは全部、後でいいっす。でも最初は特に、小さくても何かごほうびを決めておくのはいいと思うっすね。

人生の不安を拭い去るには生き急げ

僕は24歳でＲＩＺＩＮのチャンピオンになったんすけど、24歳ってＲＩＺＩＮの最年少記録なんすよね。ベルトを獲った時、みんなに「やっとチャンピオンになれました！」って言ったら「早いよ！」って言われたっす。

でも、別に僕の中では全然早くないんすよ。だって格闘技は3歳の頃からやってますし、1日でも早くチャンピオンになりたかったんすから。それでどんどんベルトの価値を上げて、何回でも防衛したかったたんで、早いとは全然思ってないんすよね。

僕は格闘技で時代を変えようと思ってやってます。とにかく結果を残せばいいんすよ。周りからは「ピークはこれからなんだから、そんなに急ぐことないよ」って言われるんすけど、そんな気はなくて。急いで急いで、急いで急いで突き進めば、成長スピードも上がっていくんで、残せる結果もデカくなるんすよね。若いからトップについてからも長いんすよ。

だから僕は生き急ぐっす。それでいいと思ってるんすよ。周りにペースを合わせてもしょうがないんで、僕は僕のペースでやればいいと思ってて、それが僕の場合は他よりだいぶ早いってだけなんすよ。

僕の話じゃないんすけど、たぶん勉強でもそうで、知り合いに、中1なのに今高校の勉強をしてる子がいるんすよね。驚いて「お前、何でそんなに先に進んでんの？」って聞いたら、「公文式で勉強したから」って言うんすよ。その子も、学校で他の友達がやってるペースに合わせないで、自分のペースでやってるんすよね。そしたらたぶん、他の子より早く、他の子よりすごい結果が残せるはずなんすよ。

同じことを考えて、僕も生き急いでるっす。生き急いで早く結果を残したら、「この先どうすればいいんだろう」っていう不安もなくなるというか、「この先」をも早く手に入れてることになるんで、早く不安を拭い去れるっすよね。人生の不安を拭い去るには、生き急ぐのがいいんすよ。

受験という勝負に勝つ方法

よく「受験に勝つにはどうしたらいいですか?」って質問をもらうんすけど、何かに勝つ時って、偶然じゃないんすよ。勝つ時というのは、その方法とルートが決まってるんす。運否天賦《うんぷてんぷ》(=運・不運は天が決めるという考え方)に任せてる人たちは、その方法を知らないんすよね。

受験にも、絶対に勝つ方法があると思うんすよね。まず、勝った人のやり方をマネするんす。どういう勉強の仕方をして、いろんなことにどう対応してきたか。それを聞いて吸収する。そうすると、勉強の仕方、対策の取り方、面接の対処法とか、全部答えがわかるっすよね。それをとにかくやればいいと思うんすよ。

　僕は格闘家なんで、格闘技で勝つ方法はよく知ってます。ベーシックな方法っすけど、まず相手が決まったら、その試合動画を見るんす。そこに相手のクセとか、負ける時の特徴とかが含まれてるんで、よく見ればそれがわかるっすよね。それをもとにトレーナーと作戦を立てていくと、ある程度のベースができるんすよ。

　そこからは勝率を上げていく作業に入るっす。ミリ単位でも勝率を上げていかなきゃいけなくて、例えば、「この相手に勝つにはスタミナが必要だ」ってわかったら、走り込みをしたら勝率が上がるっすよね。試合までに自分のコンディションを整えること、体のケアをすることでも勝率は上がるっす。逆に、練習をサボれば勝率は下がるっすよね。こうやってちょっとずつちょっとずつでも勝率を上げていって、99・99999%を目指すんすよ。

　受験でも一緒で、基本的な対策を取った後は、勝率を上げる作業をどんどん積み重ねていけばいいと思うんすよね。過去問をやれば勝率が上がる、「このへんの範囲が出やすい」ってわかったら、そこを集中してやると勝率が上がる、逆にやらないと勝率は下がる。この積み上げで99・99999%を目指すところは、格闘技と一緒っすよね。

最終的に100%だ！　って自信をもってリングに上がったり試験場に向かうことができれば、必然的に勝てるんすよ。相手も同じレベルまで勝率を上げてきてる場合は、その試合中により強かったほうが勝つんすよ。僕はそう思ってやってるっすね。

行き詰まったら思いっきり遊べ！

何をやるにも、全て順風満帆にいくことなんて絶対にないっすよね。失敗やトラブルはどんなところにもつきものなんで、立ち止まらなきゃいけないタイミングは絶対にあるんすよ。

やり始めた頃はわりとトントン拍子にいくんすけど、どこかで成長が止まったり、思うようにいかないタイミングが来るんすよね。そこで挫折する人と生き残る人に分かれるっすよね。

じゃあ、行き詰まった時にどうするか。そんな時に必死になって練習をやり込んでも、答えは出ないんすよ。行き詰まって頭がパンクしてる時に「考えろ」って言われても何も考えられないし、頭も体も拒絶反応を起こすんすよね。

そういう時はバチッとやめて、旅行に行ったり趣味に打ち込んだりするのがいいっす。僕だったら温泉に行くのが好きだったりするんすけど、もう格闘技のことは一切考えないようにして、情報や連絡も遮断して、温泉なら温泉に行くんすよ。

旅先で温泉に浸かって、友達とくだらない話をして、本当に格闘技のことは忘れて過ごすんすけど、そうやってると、どこかでふと、戻りたくなるタイミングがあるんすよね。「そろそろ練習したいな」と思うんすよ。これが会社員だったら、「そろそろ仕事に戻ろうかな」って感じっすかね。

そうなった時に戻れば、もともとの「好き」だった頃の気持ちに戻って臨めるんすよね。仕事は別に好きじゃなかったっていう人も、「好き」じゃなくてもリフレッシュした気分で臨めるんすよ。そしたらアイデアもたくさん出てきますし、その空白期間に頭が整理されてるんすよね。

ただ、その期間を置いても戻ろうという気持ちになれない人もいるみたいっす。気分転換で遊びに行っても、何日経っても、もしかしたら何週間経っても、戻ろうという気持ちにならないかもしれない。そしたら、きっと向いてないってことなんすよ。向いてたら、自ずと「戻ろう」って気持ちになるんすけど、そうならないんだったら、そこは諦めて他の道に進んだほうがいいってことなんじゃないっすかね。

僕は普段、すごい量の練習をやるんで、時々、「何でこんなにやらなきゃいけねえの？」って思うことがあるんすよね。そうなったらもうグローブを外して、「帰りまーす」っつってやめちゃうっすね。そのままどっか旅行に行ったりするんすよ。

そしたらやっぱり、1週間ぐらいすると戻りたくなるし、不安にもなるんすよ。「こんなに遊んじゃって、スタミナ落ちてねえかな？」とか「これ、戻すの大変だぞ」とか思うようになって。それで格闘技の試合動画とか見始めるんすよね。そうなったらもう、戻るタイミングっす。

これで気をつけないといけないのは、「ちょっと離れよう。じゃあ2日」とか、小出しにしたくなるじゃないすか。これがよくないんすよ。小出しはダメ。少なくとも1週間とかバシッと休んで、ちゃんと遊ぶ。ちゃんと遊んで、ちゃんと戻るんすよ。それもある意味で練習の一環っすからね。妥協せず、思いっきり遊ぶのがいいんすよ。何ならお金を借りて海外旅行に行けば、帰ってきたらもうやるしかないじゃないすか。稼いで返さないといけないし。あ、これはオススメはできないっすけど（笑）。

ターニングポイントは不意にやってくる

格闘家をやってるといろんな試合のオファーが来て、その中には「この試合に勝てばこういう道が開ける」っていう試合もあるんすよね。それがまさしくターニングポイントなんすけど、それを見逃す人が意外と多いんすよ。

次々に試合をクリアしていく中で、絶対に落とせないタイミングっていうのが来るんすよ。デビューして勝って勝って勝って、負けて、勝って勝って……っていう中で、不意に強敵がポンと現れる時っていうのがあるんすね。それがターニングポイントなんすよ。

その時に「あ、ターニングポイントだ！」って気づけるか、「ああ、いつもの通過点ね」って思うかが大きな違いで、それはもちろん気づいたほうがいいっすよね。

それを逃さないようにするには、まずは調べまくることっすね。相手のことを調べて自分と比べた時に、圧倒的にレベルの差がある場合があるじゃないすか。「ポケモン」で言うと、自分はレベル10なのに、レベル99の相手が出てきたみたいな。そこで勝てば、たぶんレベル60ぐらいまで一気に上がるじゃないすか。それはこの「ポケモン」

にとってのターニングポイントっすよね。

そういう強敵が不意に現れた時に、まず「ここは絶対に掴まなきゃいけないな」って思えること。そして、「これを掴むためにはこうしてこうして……」というプランを立てられること。

そんなターニングポイントはいつ来るかわからなくて、不意にやって来ることがあるんすよ。本来なら当たるはずのない相手なんだけど、何らかの都合で当たることになったとか。その時にチャンスから逃げずに、またチャンスと気づかず逃してしまうことなく、しっかり掴む。いつでもそれができるように、普段から用意しとかないといけないっすよね。

日常生活でも同じっすよ。歩いてたら子どもが具合悪そうにしてた。助けてみたら、大きな契約が取れるかどうかの交渉をしていた取引先の部長の息子さんだった、ってこともあるわけじゃないすか。「助けてくれたのはキミだったのか!」ってなって、契約が取れるかもしれない。それもターニングポイントっすからね。

そんなチャンスはどこに落ちてるかわからないので、いつでも対応できるようにしておくことが大事っすよね。

僕のターニングポイントは、ＭＭＡでデビューした後、キックボクシングに転向した時っす。前にも触れてるっすけど、パンクラスでネオブラッド・トーナメントに優勝した次の試合で、計量オーバーで試合を飛ばしてしまったんすよね。そこで反省して、もう一回パンクラスでやり直してもよかったんすけど、その時にクロスポイント吉祥寺の山口元気会長からキックの試合のオファーをもらったんすよ。

すっごい悩んだっす。「MMAでやってたのに、何でキックをやらなくちゃいけないんだろう?」って。でも、クロスポイントはチャンピオンをバンバン出してるキックの名門ジムじゃないすか。「ここならキックでチャンピオンになれるぞ。練習環境も整ってる。じゃあキックを頑張ってみて、キックのチャンピオンになれたらMMAに戻ろう」って決めたんすよね。

それがターニングポイントだったんすよ。「ごめんなさい、俺はMMAしかやりたくないんで!」ってそのオファーを断ってたら、どうなってたかわかんないじゃないすか。もちろん、それでも成功してたかもしれないっすけど、今振り返ると、僕はあそこでキックに転向しててよかったなって思うっす。だからこそ二刀流っていう新たな目標も生まれたわけで。

あの時、「ここがターニングポイントだ」って気づけて、選択ミスをしなかったのは本当によかったっすね。誰にも相談とかしないで、自分で決めたんすけど。

ホントに、ターニングポイントはいつ、どんな形で来るかわかんないんすよ。むざむざ逃すことがないようにしたいっすよね。

信じ抜く方法

自分の人生においては、行動するのは自分しかいないっすよね。何をするか考えるのも、それを実行に移すのも、全部自分っす。だから何かをやろうと思ったら、自分を信じ抜くしかないんすよ。

そのためには、もう自分に暗示をかけるのが一番いいっす。「俺は強い」「俺はやれる」「俺は勝てる」「絶対やれるから、明日も頑張ろう」って。

僕も練習を始める前は「俺は今日もやれる」「俺は強い。だから今日はこれとこれをやろう」と頭の中で考えてからジムに入ります。うまくいかなかった時も「今日はダメだったけど大丈夫。俺は絶対やれるから、明日は取り戻せるから」と言い聞かせるんすよ。それができれば、自ずといい方向に向かってるんすよね。

でもそれができなくて「あー、どうしようかなあ。俺、やれるのかなあ」って思ってるばっかりだと、成長は遅いっすよね。

何かに挑戦する時は、自分を奮い立たせて思い込むことが一番っす。「大丈夫、俺ならできる！」「絶対やれる！」って。

この方法だと、恥ずかしくないんすよ。声に出して言わないんで。声に出すと、周りから「お前にできるわけない」とかいろんな意見が飛んできて邪魔になるんすけど、声に出さなければ、自分にしかわからないじゃないすか。そしたら言い続けられるんで。思い込むことは大事っすから、もう今日からやってみてほしいっすね。

第4章

人間関係で養う「稲妻メンタル」

©Def Fellow

類は友を呼ぶが、それを妨害するヤツがいる

いるんすよ！　僕はバカ正直に、まっすぐに生きてるんで、周りも昭和チックな熱い人が多いんすけど、それって僕に似てる人たちなんすよね。それはまさに「類は友を呼ぶ」なんすけど、その友のまた友、その隣にいるヤツが厄介だったりするんすよね。その人の友達なんで、僕には似てないじゃないすか。そういう人に場を乱されたり、邪魔されたりするんすよ。

例えば3人集まって、それが「アスリート」「アスリート」「勉強好き」だったら、アスリートにとっては今イチ噛み合わないし、ホントに深い話はできないっすよね。「格闘家」「格闘家」「サッカー選手」というパターンでも、楽しく世間話はできるかもしれないっすけど、格闘技の追究はできないじゃないすか。

別にサッカー選手に話を合わせるのは簡単なんすけど、そこで格闘家ふたり、あるいは格闘家だけで3人揃って話せれば、お互いの知識を共有して、格闘技の技術を向上させることもできますよね。それが、サッカー選手がひとりいることによって、ちょっと妨害されるんすよ。

職場でもタバコ休憩でちょっとした愚痴を言い合ったり、不満を漏らしたりすることはあると思うんすけど、そこでその内容をチクるヤツとかいないっすか？　仲いい同士3人とかで話してたら深い話をして団結できるんすけど、そうでもないヤツがひとり加わってたりすると、「チクられるかも」って警戒しないといけないから、深い話もできないし団結力も弱くなるっすよね。

だから、類は友を呼ぶのは確かだし、それで集まった関係だと盛り上がったり有益だったりするんすけど、そこに「友の友」がいたりすると、うまくいかない場合があったりするんすよね。「何となく楽しい」とかでいいなら構わないっすけど、何かでトップを獲りたいと思ってるんだったら、そういう人とは一線を引いておかないと、回り道をしないといけなくなる可能性が出てくるので。

もちろん、直接の関係や共通点がない人の話から、ヒントをもらえることもあるっすよね。違う視点からの意見が「そうなのか！」ってなることとも実際あると思います。でもそれは、オフの時でいいと思うんすよ。僕だったら、そういう話は試合後の期間にできればいいっす。その期間であれば、面白い話が聞けると思うし、それを取り入れる余裕もあると思うんすけど、試合前の期間は格闘技の話、しかもわかってる者同士の深い話だけでいいんすよ。気分転換は、試合が終わってから思いっきりすればいいいんすから。

仕事のプレゼンが明日に迫ってるとするじゃないすか。その夜に、チームでメシに行こうと。その時はそのチーム内でプレゼンの話をすれば、新しいポイントを一つか二つ発見して、共有できるかもしれないっすよね。でもチームと関係ない人が交じってて、その話ができなければ、増えていたはずのポイントが増えない。その一つ二つの差で、プレゼンに負けることもあるんじゃないすかね。勝負ってそういうことっすから。

勝負どころの時期は、そこに集中するのが大事っす。幅広い意見を取り入れるのは、余裕のある時で十分っすから。

人はみな、品のあるナルシストであれ

芸能人はもちろん、格闘家も見られてナンボの仕事っすよね。例えば僕がメディアの取材を受ける時に、髪の毛ボッサボサで、汚《きたね》え服でやってきたら、「オイオイ！」って言われるじゃないすか。逆にナルシストで自分の見た目にこだわりすぎる人は、

それはそれで取材する側からすると扱いにくいっすよね。「うわ、めんど！」ってなって。実際、知ってる人ですごいナルシストの人がいるんすけど、メチャメチャ扱いづらそうで、たぶん周りもちょっと困ってると思います。何かやるにしても「あの人にこんなこと頼んで大丈夫かな？」とか「こんな格好を頼んだら怒らないかな？」とか、とにかく気を使ってるんすよね。

でも、「品のあるナルシスト」なら大丈夫なんすよ。人前に出るにはある程度ナルシストであるというか、見た目には気を使う必要はあるっすけど、それがいきすぎたらダメで、歯止めとして「品」を心がける必要があるんじゃないかと思うんすよ。「品」っていうのは、まずは身なりを整えることっすよね。写真を撮られるなら、髪の毛を整えるとか、汚い服、ダサすぎる服は着ないとか、歯をキレイにするとか。ツメをキレイに切っとくとか、「俺は体臭がちょっとあるから香水を使おう」とか、そういうことっすよね。でもそれは、自分のことが好きじゃなかったらできないことでもあるんすよ。

ナルシストって、他の人からしたら「うわ、気持ち悪い！」って思われるようなタイプが多いんすけど、そこまでいかないように気をつけつつ、「品のあるナルシスト」にならないと生き残っていけないですし、それがプロ意識にもつながると思うっす。

じゃあ一般の仕事はどうかというと、ほとんどの人は「人前に出る仕事」「人前に出ない仕事」って分けて考えてると思うんすよね。でも、全く人前に出ない仕事って、本当はないんすよ。本当にひとりで家の中だけで完結する仕事とかは別として。漫画家とかだってずっと室内にこもって描いてると思われがちっすけど、いい作品を描くためには取材もするでしょうし、アシスタントさんを雇ったりもするじゃないすか。

僕やクロスポイントの選手たち、僕が出ているKNOCK OUTは、漫画家の森恒二先生にすごく応援してもらってるっすけど、森先生も僕たちを食事に誘ってくれたりしますし、パーティを開いてくれたりもします。漫画家って全然孤独な職業じゃないと思うんすよね。

仕事だけじゃなくても、全く他人と関わらないで生きていける人はそもそもいないんすから、人類はみんな、「品のあるナルシスト」になるべきなんす。

しかも、今やっている仕事とか所属しているグループの中とかで、少しでも上に行きたいなら「洋服、似合ってるね」とか「いい匂いさせてるね」「髪型、カッコいいね」って思われるのも大事なんすよ。何かでトップに行きたいなら、そういうのもしっかり意識しないとダメなんすよね。

僕は今まで会った人の中で、チャンピオンとかトップの人だったら、そういう気遣いが欠けてるような人は見たことないっすよ。必ずどこか品があるんすよ。一般の人も「あの人は有名人だから」じゃなくて、みんな「品のあるナルシスト」になれば、いろいろ変わってくるはずっすよ。

友達との付き合い方

友達には種類があるっすよね。小中学校とかからの古い友達、今の学校や職場での友達、趣味を通じてできた、年の離れた友達とか。そしてその種類によって、付き合い方も変わってくるんすよね。

格闘技が強くなりたければ、ジムでの友達を増やして一緒に練習したり、技術とか考え方を吸収したり交換したりすればいい。仕事がうまくいくことを願ってるなら、職場の友達と同じようにやればいいっす。昔からの友達とは、その付き合いが息抜きになることが多いと思います。一方で、新しい刺激をくれる友達もいるっすよね。

僕は、何かやりたいことがあったら、それに向けた友達を増やすのがいいと思ってて、なおかつ、それを「わかってやってる」ことが大事だと思うっす。

例えば、息抜きしたいのに職場の友達と遊びに行ったら、結局は仕事の話になるっすよね。絶対、1回はその話題が出るっすよね。それじゃあ息抜きにならないんで、そういう時は昔からの友達とくだらない話をして過ごすのがいいんすよ。

疲れてて「癒やされたいなー」と思う時は、彼女だったり、癒やしをくれるタイプの友達と会うとか。そんな感じで友達を分類して、目的によって会う相手を変えればいいんすよ。「こういうタイプの友達がほしいな」とか「これをしたいけど、その界隈の友達がいないな」と思ったら、そういう友達を増やしていけばいいんすよ。ひとり見つかれば、その周りの類友で増やしていけるっすよね。

ただその時に、前のところで触れてるっすけど「友達の友達」には注意しないとダメっす。そこで厄介なことになりかねないんで。

ソウルメイトは5人もいらない

これは何かでトップに立つ人に限った話なんすけど、「ソウルメイト」と呼べるほどの友達は5人もいらないっすね。

僕の中では「友達」「親友」「大親友」「ソウルメイト」っていう認識があって、この中では「ソウルメイト」が一番上なんすよね。僕にとってのソウルメイトの共通点は、学校を卒業した後も絡みがあること。

学校にいる間は仲良くしてても、卒業したら全然絡まなくなる相手もいるじゃないですか。それは「友達」だったってことっす。卒業しても何かあったら連絡を取り合って絡む相手の中から、さらに気が合って大事な友達がソウルメイトなんすよね。それって、５人もいないと思うんすよ。

「そんなことはない、俺はもっといるぞ」って人もいると思います。それはそれでいいんすけど、６人、７人、10人……とつるんでたら、その分だけ誘われることも増えますし、結果、遊びに行く回数も増えるっすよね。そしたら仕事や生活にも響いてくるじゃないすか。

だから本当に仲のいい友達、僕にとっては「ソウルメイト」は数人にして、遊ぶのもソイツらに限ればいいんすよ。で、たまに集団で遊んだりして、ソイツら以外の友達とも交流するって感じでいいと思うんすよね。

こっちも少ない人数と真剣に向き合うと、向こうも真剣に向き合ってくれて、僕の場合だと、本当に応援してくれるんすよね。彼らは僕がしんどい時には一番に駆けつけてくれますし。「俺はソウルメイトが10人いる」という人には、本当につらい場面になったら何人が駆けつけて、助けてくれるか教えてほしいっすね。10人全員という人はすげえなって思うっすけど。

友達は量より質だと思うんすよね。たくさんの友達に少しずつ時間を割くより、数人のソウルメイトと真剣に付き合うと、どんな時でもそばにいてくれるんすよね。挫折した時にも「大丈夫だよ」って声をかけてくれます。同じように、ソイツが困った状況になったら、僕が行って声をかけてあげればいいんすよ。これもたくさんいたら難しいっすよね。

飲み会とかでも、僕は大人数の会は嫌いなんすよね。たくさんいたらワイワイにぎやかですけど、どうしても薄っぺらくなるんで。仲間との付き合いは深いほうが、僕は好きっす。

怒りを心のタンスにしまい間接的に復讐する方法

リアルでもネットでも、いろんなことを言ってくる人がいるっすよね。言われたら思わず言い返したくなるのはわかるんすけど、言い返すのをグッと我慢して、心にしまっとくのがいいと思うんすよね。

「プロ格闘家になんかなれねえよ」「二刀流なんか無理だよ」「お前に本なんか出せねえよ」「お前なんかいらない」……全部心にしまうっす。いーっぱいしまうんすよ。

僕はもともと言いたいことの９割も言わない人間なんすよ。人より言葉数が多いから信じてもらえないかもしれないっすけど、実は思ったことをほとんど言ってないっす。もし全部言ったらインタビューにも載せられないし、ＹｏｕＴｕｂｅでも公開できないし、大変なことになるっすよ（笑）。

だからたくさんのことをしまってるんすけど、たまに、シチュエーションによってその引き出しを開けることがあるんすよ。例えば、僕が本を出すって言ったのを否定してきた人たちに、この本ができたら「はい、出たよ」って言ってポーン！　ってこの本を渡そうと思ってるんす。

たぶんその相手は本を受け取って「あー、本出したんだ、ありがとう！」って言うと思うんすけど、その時に、僕が心にしまってた怒りは飛んでいくんすよ。

「あの時はよくも否定してくれたな。俺は実現させたぞ！　お前にはこんなことできねえだろう！」って思いがあったのは確かなんすけど、それは言わないっすよ。もう本を渡しただけで、その怒りは飛んでいってなくなっちゃうっすから。

学生の時、「俺、絶対有名になるからノートにサイン書かせてよ！」って言ってたんすけど、けっこうみんな面白がって書かせてくれたんすよね。「おお、有名になれよ！書いて書いて！」って。でも中には嫌がる人もいて、「やめて！　いらないから」ってハッキリ言われたんすよね。

その人が今になって、「千裕、おめでとう！　俺の会社に千裕のファンがいるから、サインもらえないかな？」ってDM送ってくるんすよ。それはもう即ブロックっすよ！

その時点でもう、あの時の俺の怒りとか寂しさは消え去るんすよね。

そんな感じで、怒りの種はたくさんもっといたほうがいいんすよ。それを言われた時、その時その時でチョコチョコ出しちゃうんじゃなくて、心にしまってもっとくんすよね。

その後、自分が目指す自分になれたり、目標を達成できれば、それを解消する機会は絶対来るっすから。それに、言われた時に言い返してケンカするよりも、そのほうが平和じゃないすか。その時は心にしまっといて、何年かかってもいいから間接的に復讐《ふくしゅう》して、その時に心の中で「ざまあみろ」ってチョロッと思えばいいんすよ。そしたら自分の中でスッキリするんで。

俺たちは携帯の中で生きてはいない

今はちょっとヤバい時代なのかなと思うことが多いんすよ。みんながみんな携帯に、ネットに依存しすぎなんじゃないかなって思わされることがすげえ多いんすよね。

この前、病院でもらった処方せんを持って、薬をもらいに薬局に行ったんすよ。そしたら僕の前の患者さんが、「この薬じゃなくて、別の●●という薬をください」って言ってたんすよね。

もちろん薬剤師さんは「処方されてるのはこのお薬ですし、その症状ならこれが効くと思いますよ」って言うんすけど、その患者さんは「いや、ネットで●●のほうが効くって書いてあったんで」って。

イヤイヤイヤイヤ！　って話じゃないすか（笑）。僕も思わずツッコみそうになったっすから。だって、お医者さんが目の前で診断して処方してくれて、今も目の前にいる薬剤師さんが出そうとしてる薬っすよ。それよりネットで書かれてた薬のほうがいいいっつーんだったら、お医者さんと薬剤師さん、いらなくないっすか？　どういうこと？　って思ったっすよね。

例えばクロスポイントの会員さんが「千裕さん、ワンツー教えてください」って言ってきて、「ワンツーはこういう感じでやると強く打てますよ」って教えるとするじゃないすか。その時にその人が携帯の動画を見せてきて「え、井上尚弥選手はこう打てって言ってますよ」って返事したら、「もう帰れよ！」って話っすよね。

何言ってんだと。目の前で教えてくれる人を信じられないで、何を携帯の中で生きてんだと。そういうことがいろんなところで起きてるっすよね。

いろいろ研究して比べるのはいいと思うんすけど、目の前に専門家がいるなら、まずその言葉に耳を傾けなくちゃダメっすよ。そのためにジムに入ったはずっすよね。

携帯が便利なのは確かっすよ。手軽にいろんな情報が得られて、すごい時代だなと思うっす。でも、生身の人間には勝てないんすよ。知識とか得られるものも多いとは思うっすけど、生身の人間同士のコミュニケーションからはそれ以上に大事なものが得られると思うんで、依存しすぎの人には早く気づいてほしいっすね。

SNSでの誹謗中傷も大きな問題になってるっすよね。僕も大変だったことがあったっす。RIZINのスポンサーで市議会議員もやっていた女性が詐欺で逮捕された時、僕に「ママ活」疑惑がかけられたんすよね。僕がその女性のお気に入りで多額のカネをもらっていて、RIZINに出られたのもその人のプッシュのおかげだったと。

その女性と面識はあったっすけど、一緒に住んでたとか、お金やプレゼントをたくさんもらってたとか、そのへんはありもしないことで。でもネットでそんな記事が出て、心配する人も増えたんで、YouTubeで動画を出したんすよね。何を謝らなきゃいけないのかサッパリわかんなかったんすけど、謝罪動画ふうにして、「お騒がせしました。ネットで噂されてるようなことは何もないです」って言って。

でもそれに、「ウソだ！　もらってんだろ！」ってコメントが殺到したんすよ。いやいや、本人である僕が「もらってない」って否定してんのに、じゃあどうすりゃいいんだよ？　って（笑）。

中でもアホなヤツがいて、「動画の中で千裕は手を組んでしゃべってる。人間は心理的に、やましいことや隠し事があると手を組むものだ。だからこの動画の千裕はウソをついてる！」なんて書くヤツが出てきたんすよね。テメー、ふざけんなよと！　ふざけんなよ！　って（笑）。

それから、「チョコチョコ目線が下に行ってる。台本があるに違いない」とか。ふざけんなよ！　って（笑）。あの時は台本なしでしゃべってたっすけど、仮にメモとかあってもそれは問題なくないすか？　「目の動きが挙動不審だ」とかも書かれてたりして、もうとにかく大騒ぎだったんすよ。

あの時はホントにいい迷惑で、僕がいくら「そんなことやってません」って言っても、直接の知り合い以外はみんな信じてくれなくて。僕は仮にもし誰かから大金をもらってたら、「●●さんにこんなにいただきました！」って言うっすよ！　具体的な金額までは言わないかもしれないっすけど、お世話になってたら隠さないっすよ！

僕らは漫画家の森恒二先生にすごくお世話になってるっすけど、ごはん食べさせてもらったり、どこか連れてってもらったりした時は、全部公開してSNSでもお礼言ってるっすよね？

結局、何を言ってもいろいろ言われるので、「ああ、この人たちはネットの中でしか生きてないいんだな」と思うようにしたっす。「いいや、結果で黙らせよう」と。そしたらやっぱり、僕が結果を出したら黙ったんすよね。

曖昧な返答は必ず面倒なことに化ける

これ、最近僕が経験したことなんで、できたてホヤホヤの教訓なんすけど。

「一緒に仕事しましょう！」とか「こんな企画があるんで、協力してもらえませんか？」とか、いろんな話をもらうことがあるじゃないすか。それがたまたま、A社、B社、

C社からいっぺんに来ることもあるっすよね。

そんな時に、どこに対しても曖昧に返答してしまうのはイカンということを学んだんすよね。それは八方美人になってしまうから。

A社、B社、C社、どれにもいい顔をして、とりあえず仲良くしようとする。でもこの3社は僕と契約したいわけだから、他の会社は邪魔っすよね。だから僕がいつまでもキチンとした返事をしないでいると、「結局、キミはどこと仕事したいの？ どこと契約するつもりなの？」って詰めてくるんす。

そこでまだ「いやあ、Aさんもいいじゃないすか。Bさんもいいっすよね。Cさんにもこんないいとこが！」ってウダウダ言ってると、結局はみんなを振り回すことになっちゃうんすよね。

結局、どこか1社に決めた時に、他の2社から「お前、何だよ！ あんなにいろいろしてやったのに！」って言われるのが怖いんすよ。そうなるのがイヤで、できるだけ先延ばししたいと思うあまりに、ズルズル行っちゃうんすよね。

それと、やっぱりどこも長所と短所があるじゃないすか。その長所だけを受け取りたいっていうのもあるんすよね。もちろん、そんなことを続けていくわけにはいかないんすけどね。

そういう曖昧な返答を続けてると、最終的には全員を巻き込んで、全部がダメになることもあるんすよ。なので、僕は基本的に誰とでも仲良くしたいという意味では八方美人なんすけど、決めるとこはビシッと決めないとダメ、それが仕事ならなおさら、っていうのはまさに最近、僕が身をもって経験して、学んだことっすね。

やっぱり、特にビジネスにおいては八方美人はダメなんだなと思います。というか、学ばされました（笑）。受験だって、行きたい学校が5校あっても、結局行ける学校は1校じゃないすか。仕事の話をもちかけてくれる会社も、「ライバル会社じゃなくて、ウチを選んでください」という条件をもってきてるわけで、それには答えないとダメっすよね。

「短所もあるけど、僕はここに決めたので、よろしくお願いします。他の2社の方には申し訳ないですけど、ここに決めましたんで」というのを、ちゃんと言わないとダメだし、相手のことを考えたらそれは早いに越したことはないっすよね。

曖昧でもいいところはあるけど、ちゃんとするところはちゃんとする。その境目をしっかり見極めないといけないんだなっていうのがよく理解できたんで、これはぜひ、個人的にみなさんに伝えたいっす。

特に日本人は曖昧に済まそうとする人が多いんすよ。あちこちにいい顔をしてゴマをする人が多くて、「あなたのところに決めたんで、よろしくお願いします！」ってビシッと言える人は少ないっすよね。それができる人のほうが、いい契約を取れたり、大きいビジネスを成功させられるのかなって思うっすね。

親孝行できる時は充実している証

親には世話になったんで、親孝行はしたいと思ってるんすよ。でも、なかなかできないっすよね。何かのタイミングがあった時とか、半年に1回とかになっちゃって。それをもっと頻繁にやったり、日常の中でも何気ないことでやれる時って、自分が充実してる時なんすよね。

自分がどん底の状態にある時に、果たしてそれができるかっていったら、やっぱり難しくて。お墓参りとかもそうで、これもやっぱり充実して余裕がある時しかできないんすよね。

だから逆に、それが自然にできてる時は「あ、俺は今、流れに乗ってるんだな」って思えるんすよね。お墓参りしてる時って、流れに乗れてるから気持ちにも余裕ができて、それができてるんすよ。

　両親へのプレゼントとかでも、負けた試合の後にできるかって言われたら、無理なんすよ。僕に余裕がないんで、とてもそんなことをやろうと考えられなくて。やっぱり自分が乗れてない時、幸せじゃない時は、他の人を喜ばせようとか、幸せにしようとか考えられないっすよね。

　そういう行動は、自分の中で調子いいかどうかの判断材料になってるっすね。不意にそれができたら、「今、俺は調子いいんだな。このまま進めばいいな」って思うんすよ。人を喜ばせたり幸せにしたかったら、まず自分を充実させることっす。

　僕は子どもたちに向けた活動もやってます。最初は同じジムの渡《と》慶《け》次《し》幸平《こうへい》さんのお手伝いから始めたんすけど、お菓子を配ったり、一緒に遊べる催しを開いたりしてます。これは趣味みたいなもんで、自分のなりたいヒーローの姿に近づけるようにやってる部分があるっすね。

　これに関しては、自分が充実してなくてもやるし、やらなきゃいけないんすよ。むしろ調子悪い時こそあえてやらなきゃいけないですし、どんな時でもそういう姿を見せないといけないんで。

頭を下げられる人は背負ってるものが違う

世の中、他人に謝れない人っているっすよね。そういう人って、誰のことも背負ってない人なんすよ。謝ったり、頭を下げたりする必要がないというか。

でも、家族がいたりジムを持っていたりする人っていうのは、背中に誰かのことを背負ってるんで、自然と頭が下がるっすよね。その人たちの重みで。だから謝ったり、頼み事をしたりとかっていうのができるんすよ。

僕が思い出すのは、父親の姿っすね。もともと強くてプライドも高かった父が、誰かに謝ってるところって見たことなかったんすけど、ある時、僕がケンカで友達にケガをさせたことがあって。その時には、その友達の家に行って、向こうの両親にしっかり頭を下げて謝ってたんすよ。それには正直、驚いたっすよね。同時に、あの父親にそれができたのは、僕とか家族を背負ってるからなのかなと思ったっす。

僕がいるジムの山口元気会長もそうっすよ。いろんなとこにお願いしたり、頭を下げてるところを見ると、ジムを、しかも複数のジムを背負ってるから、必然的にこういうことができるのかなと思うっすよね。

僕は5年前よりも今のほうが、ちゃんと頭を下げられるようになりました。それはこの5年で、自分でも結果を出しつつ、周りからいろんなことを学べたからなんすよね。僕は結婚もしてなくて家族を背負ってはいないし、ジムを持ったりもしてないっすけど、父とか会長とかいろんな人の姿を見て、「僕もこうできるようになりたい」と思った結果っすね。

とはいっても、僕が背負ってるものはまだまだ軽いっす。これからもっといろんなものを背負うことになるでしょうし、その時には自分がもっと大きくなるために、いろいろと頭を下げることもあると思います。もしかしたら誰かに謝らないといけないことも出てくるっすよね。そういう時には、しっかりと頭を下げられる大きな人間になっていたいっすね。

父は「女性を大事にしろ」と教えてくれた

僕の父親はペルー人ですけど、「とにかく女性は大事にしろ」っていっつも言ってたっすね。僕が一度、学校で女の子を泣かせた時はメチャメチャど突かれて、すげえ怒られました。

「千裕、いいか。まず何があっても、女性を優先しなさい。女性に勝ってはいけない。常に女性の前では天使でいなさい」っていうことをずーっと言われて育ったんすよね。それが僕の心に染み込んでて、今となっては「ああ、そうだなあ」って思うんすよね。またそれが、今の僕の強さにもつながってるかもしれないっすね。

子どもの頃は「そうなのか」と思って、女の子に優しくする、乱暴なマネをしない、天使でいるように心がけるじゃないすか。そうすると、自然と男にも優しくするようになるんすよね。ということは、どんな人にも優しくなれるってことじゃないすか。

父は同時に、「それを脅かすヤツに対しては悪魔になれ」とも言ってたっすね。今思えば、それは「奥さんを守れ」ってことだったのかなとも思うんすけど、とにかく自分の大事な女性を傷つけようとするようなヤツがいたら、悪魔になって戦えと。

その教えが、「本当の仲間」をつくるきっかけになったのかなとも思うんすよね。だから子どもの頃の父の教えには感謝してるっす。あれだけいっつも言われてなければ、僕の考え方はまた違ったかもしれないんで。

このことは、特に小中学生にはよく伝えたいっすね。今は何でもアリのネット社会だから特に。男の子に伝えるべき教えは「女性を優先しなさい。女性に勝ってはいけない。女性の前では天使でいなさい。それを脅かす者に対しては悪魔になりなさい」。この4つっすね。

自分の身は自分で守れ

これも父の話なんすけど、僕は小学校の時、よくケンカする子だったんすよ。ケンカして帰ってくると、父が「どうだったんだ?」って聞くんすよね。「今日は勝ったよ」って言うと「ああ、そうか」って納得するんすけど、同時に「でも、友達は大事にしろよ」っていっつも言われてたんすよね。

ある時、家でテレビを見てたら、どこかの小学校で男の子がケンカして失明したっていうニュースをやってて。ケンカがエスカレートしすぎて、片方の子がもう片方の子を失明させちゃったと。その時に父は「千裕、やられるぐらいならやる側に回れよ」って言ったんすよね。

こう言うとひどい話みたいなんすけど、父はこう続けたんす。「私はお前のことを命を懸けて守るよ。でも、学校では『みんな平等』が建前だから、ケンカが起きてひどい目に遭わされたとしても、『どっちも悪かったね』で終わっちゃう。自分の身は自分で守るしかないんだから、やられる側になるんじゃないよ」と。

確かにちょっと乱暴な話だし、子どものケンカでやりすぎて大ケガを負わせるのは間違ってるっす。でも、「誰も守ってくれない」っていう状況もあるかもしれなくて、そういうところでは自分で自分を守るしかないんすよね。

僕にはまだ子どもがいないっすけど、もし子どもが学校でケンカして骨折させられて帰ってきたら、イヤじゃないすか。もちろん骨折させる子どもにもなってほしくはないっすけど、やられる側に回ってほしくはないと思うんじゃないすか？　僕も自分の子どもができたら「自分の身は自分で守れ」ということは教えるっすね。

人に相談するのはやりたいことが固まってから

例えば、僕が起業したいと思ったとします。でも起業のことなんて何にもわかんないし、イメージも湧きません。要は、「起業」っていうのが何かいいなって思ってる程度っすよね。そういう状態の時に、「起業したいんすけど、どうしたらいいっすか？」

とか「何をしたらいいんすか？」って周りに相談して回るのはよくないと思うんす。起業経験者だったりいろんなビジネス経験が豊富な人だったら、いろいろとアドバイスをくれたり、具体的なことを教えてくれるっすよね。で、いろんな人に聞くたびに「あ、そうなんすね！」「へー、そうなのかー」と思うっすけど、自分の中でやりたいことが固まってなければ、そのたびに他の人の考えに流されてるってだけなんすよ。

アドバイスをくれる人は親切で言ってくれてるんすけど、それはその人その人の考えでしかないすよね。その人の成功経験であって、自分の場合に当てはまるかどうかはわかんないんすよ。

だから人に相談するのは、自分でやりたいことを決めて、やり方もある程度考えた上で、「参考にする」っていうぐらいにしたほうがいいんすよ。あるいは、どうしてもわからない部分だけ聞くとか。

それで材料も揃って、やり方も目標も固まったら、「俺はこれをやります！」って宣言すればいいんすよね。それが実行のカギになるはずっす。

あと、あんまり早い段階で相談してると、そのアイデアをパクられる場合もあると思うんすよ。相談相手にしたい人って、だいたい自分より実行力が高かったり、経験も豊富な人じゃないすか。だからまだアイデアでしかない状態で話すと、先に具体化されちゃうなんてこともあり得るんすよね。これは、相談する相手を間違えるなっていう話でもあるんすけど。

僕は試合の作戦については、セコンドにも相談しないっす。誰にも明かしてなかった作戦をリング上でいきなり実行して、セコンドもビックリ！　ってこともよくあるんすよ。

それは、自分の中である程度やりたいことが決まってるからなんすよね。ある程度の段階までは相談しますけど、突き詰めた部分は理解されないことも多いし、セコンドからしたら「そんなことできるわけない」ってこともあるんすよ。だけど僕の中ではできると思ってて、実際にそれで勝てたりもしますから。「奥の手」は誰にも言わずに取っといたほうがいいんすよ。

ケラモフ戦で勝った、下からのカカト落としだってそうっすよ。誰もあんなこと、考えてもなかったっすから。でも僕は、沖縄の松根良太さん（THE BLACKBELT JAPAN）から「蹴り上げはどんどん使ったほうがいい」って教わったことがあって、それが頭の中に残ってたんすよね。それを事前にセコンドに提案したとして、「俺、下になったらカカト落とし使おうと思ってるんすよね」って言っても「それはいいね！」なんて誰も言わないじゃないすか。否定されるなっていうのはわかってたんで、「これは時がきたら使おう」と思ってたんすよ。

実際にあれで勝ったら「奇跡だ！」って言われたっすけど、奇跡で勝てたらこんな楽な話はないっすよ！

ラーメン屋さんだって、秘伝のスープは誰にも教えないっすよね。引退する時に、初めて伝える場合もあるってぐらいで。それと一緒っすよね。結局、生き残る人はどっかに「奥の手」をもってるんすよ。

上司の愚痴は言わないほうがいい

職場の飲み会に行ったり、同僚とサシで飲んだりしたら、上司の愚痴とか悪口で盛り上がったりしますよね。その時は楽しいんすけど、これはやめたほうがいいっす。これがクセになってる人は、もう今日からやめましょう。

なぜダメかというと、一番は、意外と本人にチクられるからっすね。これが、意外とあるんすよ。気を許して「あの上司がさあ……」って愚痴ってたら、いつの間にか

「千裕が●●さんのこと、こう言ってましたよ！」って伝わってるんすよね。それはヤバいじゃないすか。

だから、どうせ言うなら欠点を挙げて批判するんじゃなくて、いいところを言ったほうがいいんすよ。文句を言いたくなるのはわかるんすけど、いいところプラス、ちょっと困ることを付け加えるぐらいがバランスいいかと。

「●●さん、気配りがすごいよね。でもちょっとそれが過剰な時があって、こういう時はもうちょい気をつけてくれたら完璧だよな」みたいな。言った相手が●●さんにそれをチクったとしても、「千裕が●●さんのこと、気配りがすごいって褒めてましたよ。でも、もうちょい……」ってなればプラマイゼロじゃないすか。むしろ褒めてる分が勝ってるかもしれない。

愚痴はよく聞かされてるもんだし、それを拡大して伝えるヤツもいるっすからね。「●●さん、いいんだけど、こういうとこがちょっとだけ嫌いなんだよね」って言ったら、「千裕が『●●さんのこと嫌い』って言ってましたよ」って伝わったり。

だから、基本的には悪いことは言わないほうがいいっすよね。本人に伝わるものだっていうのを前提に考えて。それか、絶対チクらない愚痴相手を探すしかないっす。

僕もいろいろ経験しました。勢いでいろいろ言ってたら、数日後にその相手から「お前、俺のことナメてんのか？」って言われたことも。裏話を話した相手がスピーカーで、業界の大物にすぐ話しちゃったってこともありました。

そもそも、不満ばっかり言ってる人生はつまんないじゃないすか。いいことを探して、いいことを言うようにしたら、不満も消えていくっすからね。

今は自分のため、いつかは誰かのために

格闘技は自分のためにやっていると他のところで言ったっすよね。自分のためでいいんだと。ただそれは、自分の人間としての土台ができるまでなんすよね。人間としての土台ができて、人としてワンステージ上がったら、いつかは誰かのために格闘技をやることになると思ってるっす。

僕自身も、今は自分のためにワーッと突き進んでるっすけど、いつかは彼女のために、奥さんのために、子どものために……ってなってくるっすよね。そしたらまたひと段階強くなれるはずなんすよ。

僕はそれが幸せだと思うんすよね。自分のためだけに生きて死ぬ人生よりも、人の

ために、誰かのために生きて死ぬ人生のほうが、最後に笑っていられるっすからね。
僕はそれがいいっす。

第5章

夢を叶える「稲妻メンタル」

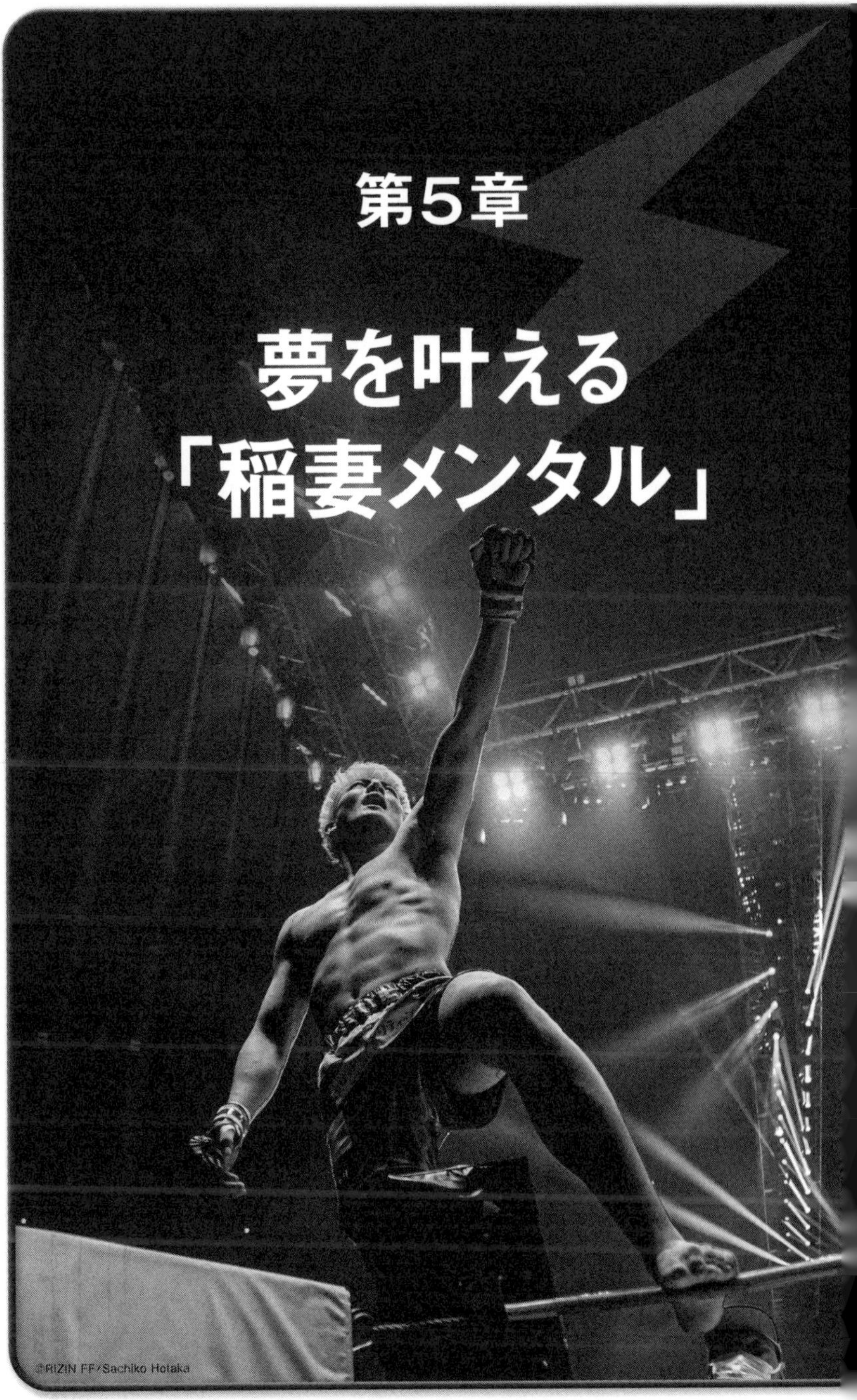

©RIZIN FF/Sachiko Hotaka

全ての夢には期限がある

夢をもつこと、その夢を実現するために努力することは大事っす。それは忘れちゃいけないっすけど、夢には期限があるんすよ。

例えば、僕が今から「横綱になる！」って言っても、それは無理なんすよね。大相撲は22歳までしか入れないっすから（相撲協会が指定するアマチュア大会で優勝したりすれば24歳までチャンスがあるっすけど、どっちにしても今24歳の僕には無理っす）。横綱どころか、入門もできないんすよ。

これが「宇宙飛行士になる！」だったらなれる可能性はゼロではないんすよね。年齢制限はないんで、視力とか他の条件がＯＫなら大丈夫。ただ、宇宙飛行士になるにはものすごくいろんな知識とかが必要になるんで、僕が今から目指すとすれば、格闘技とか今やっているあらゆることを捨てて取り組んで、もしかしたら……ってぐらいだと思います。いや、それでも無理か……。勉強しないといけないこともものすごくあるっすからね。まあ、難しいっす。

プロボクシングも年齢制限があるっすよね。大相撲に比べるとゆるいっすけど、プロのライセンスが取れるのが34歳までなんで。

僕は昔、警察官になりたかった時期もあるんすけど、警察官も東京都なら「21歳以上35歳以下」の年齢制限があるっすよね。僕がこれから40歳になって「よし、警察官になろう!」と思っても、それは不可能なんすよ。あと、中学生の頃に調べた時は、「ハーフの人は警察官になれない説」というのがあって。僕はペルーと日本のハーフなんで、スパイを疑われる可能性があるからなれないと聞いて、そう思っちゃったんすよね。実際はハーフでも警察官には全然なれるし、今もハーフの人が実際に警察で活躍してるんすけど。あ、でも格闘家になってから「一日警察署長」はやったんで、自分の中ではそれで叶ってます(笑)。

ちなみに僕は子どもの頃、夢が8つあったっす。「スタントマン」「俳優」「空手の先生」「格闘家」「料理人」「警察官」「消防士」「お笑い芸人」の8つ。この中で、もう無理なのは消防士くらいっすね。消防団とかだったら制限なく入れるんすけど。

お笑い芸人は、高校の時に友達とコンビを組んで文化祭でネタやってるんすよ。その時はドスベリして「ああ、やっぱプロは大変なんだな」と思って、この夢はそこで置いてきました。でも「みんなの前でネタをやる」という夢は一つ叶えて、それでおなかいっぱいになったからいいんすよ。

こういう感じで、「期限がある夢」ってたくさんあるんすよ。その夢を叶えたければ、できる限り早くやり始めて、その期限に引っかからないように努力するしかないんすけど、そもそも志すのが遅かったら、実現の可能性がものすごく低くなったり、ゼロになったりするんすよね。

キックボクシングには、期限はないっす。団体とかイベントにもよりますけど、年齢制限はないんで。僕は40歳でデビューした人も知ってますし、その人もチャンピオンになれる可能性は全然あると思います。

だから自分が「●●になりたい！」という夢をもった時には、その夢には期限があるかないか、しっかり調べる必要があるんすよね。40歳で東大に入る人もいるし、格闘技でプロデビューする人もいるとは思いますけど、そこから突出して東大だったら首席になったりすごい研究成果を残したり、格闘技だったらチャンピオンになったりするのは、なかなか難しいっす。

普通に考えたら、10代とかにスタートして積み上げてきた人のほうが何かと有利っすよね。でも、年齢制限のルールがなければ叶えられる可能性がゼロではないものもあるので、それは全力でやるしかないっす。

とりあえず自分が考えている夢に期限があるかどうかは、知っといたほうがいいっす。それによって進むべき道、方向性も変わってくると思うんで。特に今10代のガキンチョたちはなおさらっすよね。難しい夢ほど、早くからやってるに越したことはないっすから。でも、歳を重ねてからでも叶えられる夢もたくさんあるんで、いくつになっても夢をもつことは諦めちゃダメっすよ。

「なりたいな」って言うな。「なる」って言え！

ＫＮＯＣＫ ＯＵＴのチャンピオンになる前の話なんすけどね。よく面倒を見てくれて「俺のことは兄ちゃんって呼んでくれよ」って言ってくれる人がいて、その人と電話で話してた時に「千裕君、これからどうしたいの？」って聞かれて「ＫＮＯＣＫ ＯＵＴのチャンピオンになりたいなって思ってるっすね」って言ったら、こう言われたんす。

『なりたいな』って言ってちゃダメだよ。千裕君はなれるんだから、『なる』って言わなきゃ。この電話が終わったら、もう『なりたいな』とは言わないって約束して。これからはいつも『なる』って言うんだよ」

僕はその日から、「なりたいな」をやめました。「俺、チャンピオンになります」「二刀流になるんで」って、ハッキリ言うように変えました。それで、実際にKNOCK OUTのチャンピオンにもなったし、その後にRIZINのチャンピオンにもなって、二刀流を実現したっすよね。これは、あの時の言葉が大きいと思います。

やっぱり、言葉は形になるんすよ。「なりたいな」だと目指す気持ちもフワフワしちゃうんすけど、「なります」「なる」って言うようにすれば、それが固くてしっかりしたものになるんすよ。そうなると練習のモチベーションも変わるんで。実際、僕もあの時から明らかに変わりました。それを身をもって知ったっすね。

日常生活でもそうっすよね。受験でも「あの学校に行きたいなー」だと本気にはなれないっすよ。「俺、あの学校に行くんで！」って言えば、自分はもちろん周りの意識も変わるんすよ。仕事のプレゼンだって「勝ちたいなー」じゃ勝てないっすよ。「プレゼン絶対成功させます。絶対うまくいかせます！」って言えば、気合いも入るじゃないすか。それで周りの期待値も、協力の度合いも変わってくるんすよね。

約束する時だってそうじゃないすか。「行けたら行くよー」って言うヤツは信用できないっすよね。でも「絶対行くよ！」って言ってくれるヤツのことは信用したくなる。もしどっちかひとり選ばなきゃいけない場面だったら、「絶対行くよ！」ってほうを選ぶっすよね。

成功したい人、何かになりたい人は、これを変えるだけでもホントに変わるっすよ。

これはマジでオススメっす。

ファイトマネーにこだわる理由

格闘技界って、お金の話ってタブーみたいになってるところがあるじゃないすか。ファイトマネーは誰も明らかにしないですし、何となく「カネのためにやるんじゃない」っていうのが正しい姿、みたいになっていて。

でも僕は、自分のファイトマネーにはすごくこだわるっす。特にＲＩＺＩＮの試合では、「次の試合は●●●●円じゃないとやらないっすからね！」って言って、交渉窓口の山口元気会長にはいつも苦労してもらってるっす。

どうしてそんなにこだわるかっていうと、まず、やっぱり格闘技界、しかもチャンピオンなんすから稼げる世界であってほしいじゃないすか。トップで活躍してる選手に「相当稼いでるんだろうな」と思って聞いてみたら、「いや、バイトしながら続けてるよ」っていうような世界じゃ夢が全くないっすよね。実際、そういう話を聞くこともあるっすから。

チャンピオンには胸を張ってほしいんすよ。「格闘技のチャンピオンって、稼げるんすか?」「うん、すっげえ稼いでるよ!」って、堂々と言ってほしいんすよね。でも、僕が今まで会った人の9割ぐらいは、あんまり稼げてないんすよ。

YouTuberとか、ファイターとは別の活動で稼いでる選手もいますけど、やっぱり格闘技がメインで稼げるようになってほしいじゃないすか。だって僕がこれから格闘技を始めるとして、今の現状を知ったら、プロ格闘家を目指すことはないと思うんすよ。「アイツら命張ってるのに、全然稼げてないじゃん」って思うでしょうし、俺、そんな格闘技界はイヤっすもん。

だから本当は、みんなとは言わないまでも、せめてチャンピオンはファイトマネーを公開できる世界になってほしいっすよね。そしたら「俺はこれだけ稼いでるぜ」って胸を張れるし、主催者側も公開されるからたくさん払わなきゃいけなくなるじゃないすか。

格闘技で稼げれば自分の家族を救えますし、もっと稼げれば僕の仲間、さらに稼げればその他の人たちも救えるっすよね。勝手にその規模が広がっていくんすよ。だからもっともっと稼ぎたいですし、その金額にもこだわるっすね。

言い訳タイムほどいらない時間はない

試合に負けた時に、言い訳をしまくる選手がいます。「あの場面で関節技にいこうと思ったんですけど、タイミングをズラされてやられちゃったんですよ」とか。そういうヤツに限って、延々言い訳をし続けるんすけど、それ、何の意味があるんすかね？

その言い訳をしたところで、結果は何にも変わんないんすよね。やられた事実、負けた過去は一切変わらないんすよ。

だったらそんなのは速攻やめて、「負けました！　ダメでした！」つって次に行けばいいんすよ。「今回の試合ではここがダメだったんで、次はそこを改善します。今から練習します！」ってやったら、最短で強くなれるっすよね。負けから学んだことを、改善に生かせるわけっすから。

負けても言い訳し続けて、ダメだったところを認めないヤツは、いつまで経ってもそこが改善されないんで、強くならないっすよ。

職場でも「プレゼンがうまくいかなかったんだよ。必死で資料をまとめてたんだけど、配ったものが1ページ飛んでてさあ。あれがなければうまくいったはずなんだよな」なんてことを言うヤツがいるんじゃないっすかね。ここで終わったらただの言い訳っすよね。言いたくなる、聞いてほしくなるのはわかるっすけど、それだけだったら、話すのも聞くのも時間のムダっすよね。

そうじゃなくて、「資料が飛んでて失敗したから、次からはまとめる前にもう一度確認することにしたよ」とか「余裕をもって、前日の昼までには印刷と綴《と》じ込み作業を終えることにするよ」ってなったら、それは次につながるっすよね。

言い訳で終わるのはネガティブになるだけなんで、そうじゃなくて次への課題をそこから見つけて、同じミスをやらないようにすればいいんすよ。

言い訳してチャンピオンになった人なんて、見たことないっすから。もう言い訳はやめて、改善点を見つけ出して次に進むしかないっすよ!

いらないプライドを他人に譲渡する方法

どんな仕事でも、「ああはなりたくない」って反面教師的な存在っているっすよね。僕だったら、格闘家としてプライドがあるんで、誰でも出られるようなおちゃらけ格闘技イベントに出てイキってるような「なんちゃって格闘家」にはなりたくないっす。その中には、プロで輝いてたのに、そういうイベントに出るようになって堕《お》ちちゃった選手もいるじゃないすか。僕はああいう選手には絶対なりたくないと思ってます。それはプライドがあるからっす。

でも、ああいうイベントに出ると知名度が爆上がりして、いろんなコラボの声がかかってチヤホヤされて、スポンサーも集まってお金も入ってくるっすよね。それはわかります。そりゃあそっちに行きたくなる選手がいるのもわかるっす。

そういうのがあっても、僕は自分がやってる格闘技にプライドをもっていて、「この道を進んで稼いでやる」と思ってるんで、そっちには行かないっす。僕はこの意志を曲げることはないっすけど、人によっては「あっちのほうがいいのかなあ……」と迷う人もいるっすよね。「このプライドなんて、もってるだけムダかもしれないなあ……」とか。

そういう時には、そのプライドを「そっちに行った選手」に一度、委ねてみるんすよ。それで成り行きを見守るんす。で、その選手が堕ちていったら「うわ、危ねえ！あっち行かなくてよかった！」って思うじゃないすか。「あっちに行った成れの果てがこれか！　ダッサ！　ちょっと迷ってたけど、俺はやっぱりこっちだな」って。

逆に、世界のトップ戦線で活躍してる選手に、自分を置き換えてみることもできるんすよね。その人が世界チャンピオンになったら「カッコいい！　この道を行けばこうなれるんだな！」と思えるじゃないすか。

今と違う道を行くなら、プラスもマイナスも両方あるし、それはどうなるかはわかんないじゃないすか。そこで自分のいらないプライドを他人に勝手に譲渡して、どうなるか見極めてみるんすよね。堕ちていったらその過程を見て、「いや、これはダサい。こうはなりたくないな」って気づけますし、上り詰めたら「俺もこの道で頑張ろう！」って思えるんすよ。

気をつけないといけないのは、これを他人に言う必要はないってことっすね。あくまで心の中でやるべきで、僕もいつもそうしてます。言ってないだけで、実はいろんな人に勝手にいらないプライドを譲渡して、「うわ、これはダサすぎる！」って思ってるっすよ。そしたら、進むべき道は自然と決まってくるもんなんすよね。

勉強よりも大事なものはたくさんある

勉強よりも大事なものはたくさんあるっす！　けど、最初に結論から言っときますが、勉強はできたほうがいいっす（笑）。それは間違いないっすね。

ただ、「勉強だけできればいい」と思い込んじゃってる人もいるじゃないすか。それはよくないっすよね。勉強も大事なんすけど、遊びも大事、恋愛も大事、人付き合いとかも全部大事なんすよ。そのバランスだと思ってて。

とにかく勉強で突出したい人はそれでいけばいいと思うんすけど、そうじゃないなら、勉強も遊びも、いろんなことを振り分けてやったほうがいいっすよね。

将棋棋士の藤井聡太八冠は、たぶん学校とか社会では浮くっすよね。でも彼は、将棋を本当に突き詰めてるから、もうあれでいいんすよ。大谷翔平選手も、野球を極めてるからこそ、突出してるんだと思います。

僕も同じなんすよね。今は格闘技で２本のベルトを獲って突出してるけど、一般社会にはたぶんもうなじめないっすよね。

そこまで突き詰められる覚悟があるんだったら、そのまま突き進めばいいっすけど、そうじゃない人たちは、全部やったほうがいいっす。勉強だけじゃ得られない答えは世の中にいっぱいあるっすからね。恋愛もそうっす。全然恋愛してこなかった人たちが、急にそんな状況になっても、適応できないじゃないすか。

僕は子どもの時、木登りしたりケンカしたり、野性チックな生活だったんすけど、よく人ん家《ち》の屋根に上って怒られてました。それも、大人になってやったら捕まるじゃないすか。だからそういうことも、やれる時にやっといたほうがいいんすよ。小学生だったら、「ダメだよ！」で済むんで。あ、子どもでも犯罪とか人の迷惑になることはダメっすけどね。

あと勉強は、中学生の時に真剣に向き合ったんすけど、向いてなかったっすね（笑）。サッカー部の顧問の先生が「お前は頭が悪すぎるから、やらなきゃダメだ！」って言って部活が終わった後に付き添ってテスト勉強させてくれたんすけど、頑張って頑張って、30点ぐらいでした。勉強してない時で20点とか25点、頑張った時で30点だったから、向いてなかったってことなんすよね。読者のみなさんは僕より向いてると思うんで、バランス取って頑張ったほうがいいと思います。

自分の幸せを見つけないと血迷う

自分なりの幸せの基準を見つけるのは大事だと思うっす。「隣の芝生は青い」って言いますけど、例えばパッと右を見たら、お金持ちで美人の奥さんがいて、かわいい子どももいる男がいる。「うわー、うらやましいな」と思うっすよね。

その時に今度は左を見てみると、独身だけど、毎日楽しそうに遊んでるヤツがいる。「あー、結婚はしてないけど、自分の人生を生きてて楽しそうだな」と思うじゃないすか。

それを全部「いいなー」「いいなー」って思って、他人の幸せを全部うらやましがってってもキリがないじゃないすか。

僕は小さい頃から、「普通」に憧れてたんすよ。優しい奥さんがいて、かわいい子どもがいて、ちゃんとした収入がある、みたいな。それが僕の中の「幸せ」なんすよね。他の人に聞くと「いや、俺はひとりでも自由に暮らせるのがいいな」っていう人もいます。でも僕にとっての理想的な幸せは、「普通の温かい家庭」だったりするんすよね。たまに軽いケンカもしたり、たわいもないことで盛り上がったりもする。そういう普通の家庭がいいんすよ。それを手に入れるために、格闘技を頑張ってるっす。

これをしっかり自分の中にもってれば、「独身は最高だよ。誰にも縛られず、文句を言われることもないから」って言われても、「ああ、それもよさそうだね。でも、俺の理想はこれだから」って言えて、迷わないいんすよね。

「自分はこのために生きてるんだ」って言える人生を送らないと、そこには近づいていかないいんすよ。優しい奥さんの候補だって、パッと出会えるもんじゃないっすよね。もし出会ったとしても、独身で楽しんでるヤツを見て「ああ、あれもいいなあ。よし、今の彼女と別れよう」なんて血迷って、せっかく幸せになれるチャンスを逃してしまったりするんすよ。「俺はコレだ」っていうのをしっかりもってないと、人間はわりと簡単に血迷った行動を取ってしまいますからね。気をつけたほうがいいっすよ！

誰の真似もすんな　君は君でいい

これは、Ｍｒ．Ｃｈｉｌｄｒｅｎの「終わりなき旅」という曲の歌詞なんすよね。

僕はこの歌詞にすごく救われたんすよ。クレベル・コイケ戦でやられた後に、お世話になってる社長さんが「これを聴きなさい。キミにピッタリだから」って言ってくれて聴いたのが最初だったんすけど。

誰でも、突破できない壁が現れることがあるんすよね。格闘技だったら試合になかなか勝てないとか、勉強だったら成績が伸び悩むとか。そういう時、切羽詰まって誰かのマネをしようとしてしまいがちなんすよね。

前に、「先輩を超えるにはその横について全部マネしろ」って言いましたけど、これはそれとはちょっと違うんすよね。自分で何かやっても成果が出なくなって、「アイツと同じことをすれば何とかなるんじゃないか」「あの人がやってた通りにやれば、現状が変わるのでは？」とか考えて、安易に他人のやってることをそのままやってしまうってことなんすよ。

でも結局、その人にはなれないし、その人の前にあった壁とはまた違うじゃないすか。だからただ同じようにやっても、うまくいくはずがないんすよ。結局は自分の力で勝負するしかないし、僕らしさで乗り越えるしかないんすよね。

それを学ばせてもらったのがこの曲だったんすよ。土台をつくるまでは人のやり方を学ぶことも必要っすけど、その段階を越えて、次の扉を開けるには、自分らしさを貫かないといけないってことっすね。

「努力は報われますか？」の答えはこれだ

僕は、努力が必ず報われるわけじゃないと思ってるんすよね。努力だけじゃダメなところがあって、「生まれもった才能」と「努力」と「環境」が、全部作用するんです。どんなに才能があっても、環境が悪ければ開花しないっすよね。メチャメチャ高価な植物の種があったとして、花を咲かせたらすごいお金になるんですけど、よくない土で、肥料もない、陽も当たらないようなところに植えたら、キレイな花は咲かないっすよね。でも、いい土に植えて肥料もタップリ与えて、たくさん陽に当ててたら、大きくてキレイな花が咲くんすよ。

強くなるのも同じことっす。もちろん、才能はそこまでなくても伸びてくる人はいるし、悪い環境でも強くなる人もいます。でも、よくない環境の中で努力だけで上がってきた人は、やっぱりどこかで上に行けなくなるんすよね。本当ならもっと成長できるはずなのに、環境のせいでフタをされちゃってるんで。

だから、努力だけじゃ報われないんす。頭も使って環境を選んだり整えたりしないといけない。あとは、突出した才能があれば文句ないっすけど、そうじゃなかったら自分の能力をどれだけ理解しているか。強み、弱みをどれだけ知っているか。「努力」「環境」「能力の理解」。これが上に行く条件で、もし生まれもった才能が高ければ、その中でも突出できるんすよ。

よく、「努力すればチャンピオンになれますか？」って聞かれるんすけど、残念ながら、努力だけじゃなれないっす。なれても国内チャンピオン止まり。僕はそう思います。

僕は、最初から突出した才能があったわけじゃないんすよ。少なくとも格闘技を始めた時はそうだったと思います。でも、自分の強みに気づいて、それを突出させる努力はしたんすよね。それは頭を使わないとできないことなんで。自分の能力に気づいて、自分の頭でそれを伸ばす。ただそれは、環境が整ってないとできないじゃないすか。

例えばボクシングの技術を伸ばしたい時に、キックボクシングのジムに行ったら、蹴りとパンチの技術は伸ばせますけど、ディフェンスも含めた「ボクシングの技術」は突出できないっすよね。近くにないとかの理由でボクシングジムに行けなかったら、成長の速度は遅くなります。

僕には、僕が気づいて理解した能力を伸ばしてくれるトレーナーがいました。それは環境がよかったからなんすよ。その環境の中でなら、努力ができる。だから強くなるんすよね。それが大事だと思います。

人に恵まれるのも、一つの才能なんすよ。もしかしたら、僕の一番の才能はそこかもしれないっすね。それから、ついていく人を間違えないこと。最初は空手の先生。固定の道場がなくて、体育館とかを借りて教えてた先生なんすけど、「この人だったら間違いない」と思って、小5から中3までずっとついていったんです。そこからクロスポイント吉祥寺に来られたんで、僕の目は間違ってなかったんすよ。それからクロスポイントでは山口元気会長と、ＭＭＡの先生。この人たちが、僕の才能を伸ばしてくれました。そのおかげで、僕は強くなれたっす。

あと、環境を変えるのには勇気がいるんすよね。義理があるとか、付き合いがあるとかだと、なかなか変えられない。でも、格闘家だったら、最終的に目指さないといけないことは「勝つこと」じゃないすか。恩義のためにその最終目標を捨てるのは間違いだと思うし、僕はそうしたくないんすよ。

もちろん、恩義を裏切るようなことをして、無理矢理振り切るように動くのはダメっす。言うべきことをきちんと言って、わかってもらった上で動かないとダメっすね。よくないのは、恩を大事にしすぎて、恩で夢を潰されることなんすよね。その恩は成功して返せばいいんすよ。

空手の時も、「有名なジムに行く」って抜けてった人はたくさんいたんすよね。でも僕はずっと残ったから、クロスポイントにたどり着けたんす。その空手の先生がすごくしっかりした人で、「ジムはちゃんと頑張って選べよ。世の中、クソみたいな大人しかいないから、人を見る目には気をつけろよ」って、小5の頃からずーっと言われてたんすよ。だからジム選びの時もずーっと相談して、「ここはいいんじゃないの？　行ってこいよ」って言ってもらえたのがクロスポイントで。

その先生とは今も付き合いがあるんすけど、あの時の恩は僕がもっともっと強くなって活躍することで、返せると思ってるっす。

5つのよりどころ

これはある先輩が教えてくれたことなんすけど、人生の歯車をうまく回す方法の一つに、5つのよりどころをつくるというのがあります。多すぎてもダメ、少なすぎてもダメで、これは5つがちょうどいいんすよ。

これは人によって違うと思うんすけど、「家族」だったり「恋人」だったり「職場」だったり、それぞれの心のよりどころってあるじゃないすか。まず、そういうものを「自分のよりどころは何か」って考えて、どんどん出していくんすよ。

これが5つある人がちょうどいいって話で、3つしかないって人はもうちょっと増やしたほうがいいし、6つ、7つあるって人は、少し削ったほうがいいっす。

例えば「友達」「恋人」「ジム」「職場」と4つのよりどころが挙がったとするっすよね。1つ足りないんで、何かを探したほうがいいと。そこで「趣味」を新たなよりどころにしてみると、5つになる。

どうして5つあるのがいいかというと、5つ用意しておくと、全てのはけ口ができるからなんすよ。仕事のストレスが溜まった→ジム、友達とうまくいかない→恋人、趣味がうまく進まない→職場、恋人とギクシャクしてる→友達、ジムで成果が上がらない→趣味、って感じで。これを5つで回すと、うまくいくんすよね。

僕は、これが6つとか7つの時期があったんすよ。その時は、何かがあってもどこに頼ればいいかわからなくなって、全体がうまく回らなかったんすよね。悩みが生じて誰かに相談したいという時に、「家族」も「友達」も同じように対応してくれそうで、どっちに行ったらいいか迷っちゃったんす。今思えば、あの頃はよりどころが多すぎたんすよね。

５つだったら、「これの悩みはここ」「これの悩みはここ」ってキレイに収まってくれて、うまく歯車が回ると。これが先輩の教えだったんすけど、僕も実感したっす。よりどころは５つ用意しておくのがいいっすね。

満月理論

月って、満月になるとまた欠けていって、新月に戻っていって、また満月になるっすよね。これが人生の充実と幸福をよく表してるんすよ。

どんな人の人生でも、満月になる瞬間、全てが充実する瞬間っていうのは必ず来るんすよね。それがどういう時かはその人の基準にもよりますけど、僕の場合だったら、チャンピオンになった瞬間がそれでした。

子どもが生まれたとか、彼女ができた、結婚した、行きたい会社に入れた、そういうのも、その人の基準によって満月の瞬間になるっすよね。

できることなら、ずーっと満月のままでいてほしいっすよね。夜空を見上げた時に、いつも満月だったら明るいし、星もキレイに見えるっすよね。でも現実はそうはいかない。満月を迎えると、必ず次の瞬間から欠け始めていくじゃないすか。

だから僕らにとって一番いいのは、満月のちょっとだけ手前という状態をキープし続けることなんすよ。それにはどうしたらいいかというと、物事を自分の私欲のために使わないことなんすよね。

満月を迎えた時って、メチャクチャ調子いいっすよね。お金もあります、人脈もあります、周りからの信頼もありますって感じで、人生がいい感じで回ってて。そうなったら、「車買おうかなー」とか「時計買おう！」とか自分のために使いたくなるじゃないっすか。

その時は周りのノリもいいんすけど、満月が終わってしまうと、「アイツ、調子に乗ってたけどもう落ち目だな。もういいや」って言われるんすよ。そうならないために、満月を迎えた時には自分の私欲じゃなくて、誰かのためにお金を使うんす。お金だけじゃなくて、何かをするのも、人脈を使うのも、自分の利益のためじゃなくて、他の誰かのために。

変な話、ゴミ拾いとかでもいいすよ。誰かのためにやることで、月が満ちきるのを避けられるんすよね。満月の手前をキープできる。

そこは意識の問題っすよね。気づいた瞬間からで構わないんすよ。「あ、満月がきそうだからゴミを拾おう」で。「被災地に寄付しよう」とか「困ってる知り合いを助けよう」とか、「信号無視をやめよう」とか、何でもいいっす。気づいたら動くことなんすよ。

それで満月のちょっと手前に居続けることができれば、入ってくるものも多いじゃないすか。お金とかだけじゃないっすよ。「あの人はお金持ちなのに人当たりはいいし、ゴミを拾ったりして行いもいいし、優しいし、気配りもできるし、すごいね」って評価されて。そうすると協力してくれる人も増えてくるんすよ。

もちろん、全部を他人のために使えってことじゃないっすよ。自分のために使う分もあっていいっす。でも他人のために使う割合が多いほど、満月効果は大きくなるってことっすね。

好きを仕事にするんじゃない。得意を仕事にしろ

好きなことを仕事にできたら幸せじゃないすか。それは当然なんすけど、「好きな

こと」と「得意なこと」「上手なこと」が同じとは限らないっすよね。

例えばAさんは格闘技が好きで、熱心に練習しているんですけど、それ以上に料理がメチャメチャ得意で、ミシュランを取れるぐらいの実力があるとするじゃないすか。料理はそんなに好きじゃないけど、作らせたらメチャメチャうまい。でも、好きなのは格闘技。これで職業を選ばなきゃいけなくなった時に、格闘家と料理人、どっちを選ぶか。

好きだから、格闘家の道を選びたいっすよね。でも好きなだけだから、結果が残せるかはわからないんすよ。むしろ残せない可能性のほうが高いかもしれない。一方、料理は好きじゃなくても、才能がバカみたいにあるんで、明らかに結果が出せるっすよね。

しかも、好きで進んだ格闘技の世界を実際に体験したら、嫌いになっちゃう可能性もあるわけっすよ。「あー、入ってみたらこんな感じなのかー」って。でももうそっちに進んじゃったから、今から別の道に行くのもどうかと迷っちゃうっすよね。周りから見れば料理人になればいいんすけど、何しろ料理は好きじゃないんで。

一方、得意だからという理由で料理人になって、その世界が思ってたのと違った場合。「あー、こんな感じなのかー」までは一緒でも、「でも俺、向いてるからいいか」

ってなって、続けられるっすよね。もう結果も出てるし。

向いてるものって、けっこう早い段階からわかってることも多いっすよね。よっぽど隠れた才能とかじゃない限り、子どもの頃からスポーツが得意で、「スポーツの道に進んだほうがいいよ」って言われてるとか。そういう場合に「俺、勉強が好きだから」って普通に進学しても、スポーツと同じぐらいの結果が出せるかはわかんないんすよ。

好きなものと得意なもの、向いてるものが同じという人はいるっすけど、ごくまれじゃないすっかね。僕の場合は格闘技が好きで、向いてるんすよ。だからその二つが合致して結果を出せてますけど、それはラッキーなことなんすよね。大多数の人は、得意なものを仕事にしたらいいと思うっす。

「得意なものが見つからない」って人も多いっすけど、それはチャレンジが少ないからなんすよ。10種目あるうちの2種目しかやってないのに、「俺、どれが向いてるのかわかんなくて」って言ってるようなもんっすよね。10種目あるなら10種目全部やってみれば、どれかは向いてるもんなんすよ。その中で一番成績がよかったものが、一番得意ってことになるじゃないすか。その答えが出るまで、挑戦していくしかないっすよね。

僕は、ちゃんと勉強と向き合った結果、ちゃんと向いてなかったんすよ。団体競技もちゃんとやってみて、ちゃんと向いてなかったんすよ。個人競技は、格闘技をやってみたらちゃんと向いてたんすよ。だからこれしかないじゃないすか！　それに、格闘技は突出すれば稼げるっすよね。だからもう決まりなんすよ。

そんな感じで何かしら向いてるものが出てくるんで、やってみましょうってことっすよ。

子どもたちに向けた活動への思い

他のところでも触れたっすけど、僕は子どもたちにお菓子を配ったりする活動も続けています。また2023年にアゼルバイジャンで試合した時は、現地の子どもたちにもお菓子を配ったりして交流して、彼らが望んでいるサッカー場を造る約束をしてきました。

これは僕ひとりで挑戦してみてもいいんすけど、もっと輪を広げれば、もっともっと充実した活動にできるじゃないすか。そしたら、日本だけでなく、アゼルバイジャンだけでなく、もっといろんなところの困っている子どもたちに手を差し伸べてあげられるっすよね。だから広く協力者を募って、いい形にできたらと思って動いているところなんすよ。

僕が子どもの頃に、格闘技に最初に触れた時、格闘家ってヒーローに見えたんすよね。その頃、ジャッキー・チェンが流行ってて、強くてカッコよくて、でもちょっと抜けてるところがあって。他にもアニメとか特撮番組にはいろんなヒーローが出てたっすけど、格闘家もそういう存在に見えたんすよ。だから僕も格闘家になったら、子どもたちにとってのヒーローにならなきゃいけないって、ずっと思ってたんす。僕が憧れたように、次は子どもたちが僕に憧れて、その中からまた強くなって活躍する選手が出てきて、新しい時代を築いてくれたら最高じゃないすか。

もちろん、アンチヒーローもカッコいいっすよ。でも、ひねくれずにまっすぐ、正々堂々と生きるのがカッコいいなと思って、そういう姿を子どもたちに見せたいと思ったんすよね。

それから、何かのきっかけになればっていう思いもありました。今の子どもたちって、夢をもってない子が多かったりするんすよ。そういう状況に接した時に、「あ、格闘技を通じてこういう活動をやってるんだ。じゃあ俺も格闘技を通じて何かやってみたいな」とか、「いつか千裕選手みたいにこういう活動をやってみたいな」とか思ってもらえたらいいなと思って、その第一歩になれたらなと。

それに、僕自身の戦う理由にもなるっすよね。被災地の手助けをする活動もそうですし、警察署の一日署長も1回やらせてもらったんすけど、その時にもいろいろ思ったんすよ。吉祥寺のジムの近くで犯罪が起きたり何か騒ぎがあったりした時に、「あ、あの千裕選手がいるジムだ」って思い出してもらえたら、何か助けになれることもあるかもしれないじゃないすか。

そんなところに、ジムの先輩の渡慶次幸平選手が子どもたちにお菓子を配るイベントを始めたんすよね。渡慶次先輩はミャンマーの格闘技、ラウェイでも活躍して、現地の子どもたちのために学校を建てるプロジェクトもやってるんすよ。それで協力させてもらって一緒にやっているうちに、自分なりにやりたいことも出てきたんすよね。渡慶次先輩にはいいきっかけをつくってもらったなと思ってるっす。

渡慶次先輩は地域密着型でやろうという方針で、吉祥寺での活動を大事にしてるんすけど、僕は、この活動を全国に拡大していきたいなと思ったんすよ。もっと大きな理想を言えば「世界中」ですけど、まずは日本のいろんな地方の子どもたちが、もっと笑顔になれるような活動をしていきたいなと。

いろんな場所に行くと、その土地その土地で子どもたちの生活も、状況も、抱えている問題も、いろいろ違うんすよね。そういうのを僕自身も学べますし。

アゼルバイジャンでは児童養護施設を訪問させてもらったんすけど、そこで出会った子どもたちがすごく元気で、ビックリしたっす。「俺はサッカー選手になりたい！」「俺は学校の先生！」「私はケーキ屋さん！」って、みんな将来の夢を明確にもってて、迷いがないんすよ。そして、本当に先生を信じてるんすよね。本当に学校全体がファミリーなんだなって感じで、そんな子どもたちの元気さに触れ、でもサッカーがやりたくても道具や場所もないっていうのを知った時に、「じゃあサッカー場をプレゼントするよ！」って言っちゃったんすよ（笑）。今は少しずつ進めてますけど、これからより大きなものにしていきたいと思ってるっす。

そういうこともできるのが、格闘技なんすよ！　格闘技をやってなければ、僕は子どもたちに触れることもなかったっすからね。僕は格闘技を通じて、まず日本を変える。そして世界を変える。最終的には時代を変えようと思ってるっす。

そのためにも、負けられないんすよね。能登半島の被災地に行った時にも、僕がミットを持って現地の子どもたちにパンチやキックをやってもらったんすね。最初は全然元気がなかった子どもたちがみるみる元気になって表情も明るくなって、それが本当にうれしくて。

最後はみんなが「試合、頑張ってください」って言ってくれたんすよ。僕の試合が、目に見えないところで誰かのためになってるってことなんすよね。そこでリアルな声に触れたんで、負けるわけにはいかないんすよ。僕が勝って、「うぉー、千裕が勝ったー！」って喜んでもらわなきゃいけないんで。だから意地でも負けられないっすよ。それが今の僕の原動力にもなってますね。

能登の被災地で思ったこと

2024年3月の頭に、仲間と一緒に石川県にボランティア活動に行ってきたんすよ。元日に起きた「令和6年能登半島地震」の被災地でイベントをやってきたんすけど、震災から2ヵ月経った時点でも、かなり状況は厳しかったっすね。

同じ石川県でも金沢市の繁華街とかは全く平常通りって感じなんすけど、そこから車で能登半島のほうにちょっと行くと、家は壊れたままで、そこに住んでた人たちは避難所だったり仮設住宅に行ってたりするんすよ。

見ていてつらかったのは、がれきを重機で寄せる中で、壊れた家から出たものも一緒くたに積み上げられてるんすけど、ついこの前までそこの人たちが使ってたり、飾ってたりしたもの、「アンパンマン」のおもちゃや、何かのトロフィーとか、雑誌とかがゴミみたいな扱いで山になってるんすよね。それを見ると、胸が痛くなりました。

車で走ってると、マンホールが地面から15cmぐらい突き出たところがあったんすよ。でもそれはマンホールが飛び出たんじゃなくて、道路のほうが沈下してるんすよね。だからそのままだと車が通れなくて、土とか砂利を積んで段差を埋めたりしてあって。能登半島の奥に行けば行くほど道が通れなくなったりしてるんで、復興はまだまだ時間がかかるなって思ったっすね。高速道路も、上りは通れても下りはダメだったりしたんで。道がガタガタだから、走ってても急にガコン！　って落ち込んだりするんで、物資を運ぶのも大変なんすよ。

現地で僕のファンだっていう高校生と会ったんすけど、その子は地震で家が崩れて流されちゃったらしいんですよね。そんな状況だから表情も暗くて、彼のリアルな話を聞いたら本当にやれることをやらなきゃっていう気持ちになったっすね。

現地で見た様子は、テレビではほとんど流れてなかったような有様でした。だから東京をはじめ被災地以外の人は、どれだけ大変かピンときてないと思うんすよ。

これも知られてないなと思ったのが、避難生活で高齢者の死亡事例も増えてるんすけど、多くが血管系の疾患なんすよ。何でかっていうと、食べ物が満足に供給できてないから、食事がカップ麺とか中心になっちゃうらしいんすよね。まだ水も復旧してないところが多いので洗い物もできないし、手軽だからどうしてもそうなっちゃって。そうなると塩分が高いので、そういう疾患が増えちゃうんすよね。

僕らの炊き出しチームで野菜を出したら、「うわー、久しぶり！」ってすごく喜んでもらえたんすよね。何しろ生鮮食品も届かない状況なんで、みなさん野菜も全然とれてなかったわけですよ。そんな状況を見て、「これは時間がかかるけど、ここの人たちのことを考えたら、急いでどうにかしないといけないんだな」と改めて思えて。

全国から募金とかも集まってるんすけど、やっぱり現地に行って実際の状況を見ないと、何が必要なのか、何が足りてないのか、正確なところはわかんないんだなと思ったんすよね。「何かと不便だろうから、手軽に食べられるものを」という気持ちでカップ麺を送るのは間違ってないんすけど、本当にそれでいいのか、現地でもっと必要とされてるものがあるんじゃないのか、っていうのはもっと情報が必要だし、そこで動ける人が動いて発信する必要があるっすよね。

現地の人と話すと、「今の時点でお金だけ送られても」って言われたり、「売名行為で来てるんでしょ」って思われたかもしれないっすね。中にはものすごく警戒心が強くて、全然心を開いてくれないお婆さんたちとかもいたんすよね。「どうせ、動画撮ったりするんでしょ」みたいに思われてるんだなと思ったし、受け入れてくれる人とそうでない人がいるんだなっていうのは痛感したんすけど、とにかく行ったからにはやるべきことは全力でやってきたつもりです。

僕が一番思ったのは、とにかく足りてない人たちのところに届けなきゃ、ってことでした。本当に足りてない人たちのところに、リアルに足りないもの、必要なものを届けていかないといけないっすからね。これからもこういう活動をいっぱいやっていこう、やらなきゃいけないと、改めて思ったっす。全員に届けることはできないってわかってるんで、少なくとも僕が接して縁ができた人たちのためにはどうにかしないとなと、強く思いました。

今回の活動にあたっては、ＫＮＯＣＫ　ＯＵＴの大会会場とかでいただいた募金も本当に助かりました。僕らは、今後もこういった活動をやっていくんで、よかったらご協力をお願いできればありがたいっすね。

「夢が叶わなかったら」という不安がある人へ

夢をもつことに不安がある人も多いっすよね。「叶わなかったらどうしよう？」って思うから。格闘技を始めたくても、勝てなくてチャンピオンにもなれないまま引退することになったらどうしようとか。

夢は必ず叶うとは限らないっす。その階級のチャンピオンはひとりしかなれないんで、その夢を掴めないまま終わる人も多いんすよ。いや、ほとんどと言っても過言じゃないいんすよね。

でも、仮に最初思い描いた夢は叶わなかったとしても、その過程で得るものがたくさんあるはずなんすよ。チャンピオンになりたいと思って頑張ったけど、なれないまま引退することになってしまった。でも、その過程でチャンピオンになるために学んだこと、練習したこと、頑張ったことがあるわけじゃないすか。だからその知識を使って、格闘技ジムを出して弟子をチャンピオンにする、っていうこともできるわけで。頑張ってれば、どうなっても必ず道は見えるんすよ。「夢が叶わなかったらどうしよう……」じゃなくて、まず、叶えるために全力で突き進めば、もし叶わなかったとしても、違う形の突破口が必ず開《ひら》けるんすよ。

断言してもいいっす。自分が納得できる落としどころは必ず見つかるので、まずは不安がらずに全力で突き進んでほしいっすね。

格闘技は安定しない職業なんすよ。他の職業でも、安定しないものはたくさんあるっすよね。不安になるのはよくわかるっす。でもせっかく始めたんだったら、途中で「やっぱり安定を選びます！」って道を変えちゃうのは、夢を捨てることになるっすよね。そうじゃなくて、まずは不安を捨てて突き進むことっす。

最短にこだわる理由

僕はいつでも最短にこだわってるっす。格闘技をやってる以上は、最短でトップに駆け上がりたいですし、最短でタイトルも獲りたいと思ってやってきたっす。「何でそんなに急いでるの？　何で最短にこだわるの？」って聞かれることも多いんすけど、理由は簡単で。「早く答えが見たいから」。これに尽きるっすよ！

だからここまでずっと、主催者には「誰に勝ったらタイトルまで行けるんすか？」「誰に勝ったらトップ選手とやれるようになるんすか？」って聞いてきました。でも、誰も答えてくれないんすよ。「わからない」って言われて。

でも、最短ルートはどっかに必ずあるんすよ。それを行きたいのは当たり前っすよね。できるだけ早くトップに行きたいんすから。できるだけ早く、チャンピオンになりたいんすから。

「この試合で勝ったからと言って、どうなるんだろう？」なんて試合は、したくないんすよ。最短ルートで試合していかないと、夜、眠れないんすから！

これは初めて明かすんすけど、僕はよく、夜中とかに起き出して、叫び出したりするんすよ。自分でもどこでどうしたらそうなるかわからないんすけど、気がついたら大声を出してたり、布団をビリビリにかきむしったりしていたこともあるんすよね。

たぶん、試合への気持ちが溢れてしまうのと、そもそも日常の出力が人よりもだいぶ多いせいだと思ってるんすけど、とにかく眠れないことも多いんすよね。ほとんど寝られないまま、次の日の練習に行くってことも珍しくなかったんすよ。

ＲＩＺＩＮのチャンピオンになって、最初はそれもなくなったんすよね。二刀流という夢を叶えて、ちょっと満足できたからかもしれないっす。でも、いつからかまた目が覚めるようになってしまって。それは、チャンピオンになっても変わらないことも多くて、「チャンピオンってこんなもんか」と思ってしまったからかもしれません。

だからこれは、たぶん現役で試合に出続けている限りは続きそうっすね。戦っている限り、終わることはたぶんないっす。でも最短ルートでトップまで行けば、その期間も短くて済むじゃないすか。だから、意味のわからない試合をやってるヒマはないっすね。

夢を叶えるのに、時間はかけたくないっすね。できるだけ早く叶えて、次の夢に向かっていきたいんすよ。その夢も最短で叶えて、またその次の夢に向かえば、どんどん夢が叶えられるじゃないすか。その繰り返しが、僕の人生だと思ってるんで。そのほうが充実度も高いっすからね。

否定される夢ほど面白いことはない

「絶対無理だよ」って言われても夢を叶えるのは、ホントに面白いんすよ。

ライト兄弟だってそうじゃないすか。飛ぶまではみんな彼らのことを笑ってたっすけど、本当に飛んだら拍手喝采したと思うんすよね。飛行機を造ってる時は「空を飛ぶなんて絶対無理だよ！」「空なんて飛べるわけないじゃん！」「何バカなこと言ってんの？」って、さんざん否定したと思うんすけど、飛んだ瞬間にそれが全部リスペクトに変わって、ヘタしたら「彼らのことはずっと応援してたよ」「いつか飛べるって絶対思ってた」って手のひら返すヤツまで出てきたと思うんすよ。

ライト兄弟本人は、メチャクチャ気持ちよかったでしょうね。みんなに無理だ、無理だって言われて否定され続けて、でも最終的にその夢を叶えたんすから。たぶん、否定されればされるほど、自分たちの中でやり甲斐が大きくなっていったと思うんすよ。「見てろよ、お前ら！」って思ったでしょうし。

この本だってそうっすよ。僕はずっと言ってたんす。「いつかチャンピオンになって、自分の言いたいことを本にする」って。でも周りからは「無理だよ、千裕に本なんか出せるわけないじゃん！」って否定されてたんすよ。でもこうやって出ましたからね！やり方次第でこうやって自分の本を出すことはできるんす！

だから、笑われるような夢をもったほうがいいんすよ。笑われるぐらいがちょうどいいんす。恥ずかしい夢なんてないんで。

その夢の究極が二刀流っすね。僕が「二刀流のチャンピオンになる！」って言った時も、みんな笑って否定してたんすよ。あの頃は「大谷翔平選手の名前なんか出すな」とかさんざん言われたっすけど、実現してみたら誰もそんなことは言わなくなりましたからね。そういうことなんすよ。

みんな夢を重く考えすぎなんすよね。夢っていうと大きなものをイメージしがちなんすけど、実はちょっとした小さいものでもいいんすよ。僕は子どもの頃、なりたい職業が8つあったって言いましたけど、「あ、これも夢に入れとこう」みたいな感じでも全然いいと思うんすよね。別に100個あったっていいじゃないすか。その中から一つずつ叶えていけばいいし、途中で「ああ、これは向いてないな」と思えばそれは捨てればいいんすから。夢はたくさんもちましょう！　そして、笑われても否定されても叶えましょう！

おわりに

僕の周りの人だったら、僕が「俺、本を出すんすよ！」って言ってたのを、1回は聞いたことがあると思います。僕は夢を叶える方法、そのための考え方をいろんな人に伝えたくて、僕が今まで考えてきたこと、やってきたことを参考にしてもらいたいと思って、それを本にしたかったっす。

だから僕はずーっと「俺、本を出すんすよ！」って言い続けてきました。たぶん、「もう聞き飽きたよ！」って人もけっこういると思うっす。すみません（笑）。

僕がハッキリ断言するんで、「もう書いたの？　決まってるの？」って聞いてくる人も多くて、「いや、何も決まってないっす！」って言うたびにビックリされました。でも、これは本文中にも書いたんすけど、「出したいな」って言ってちゃダメなんすよ。本を出したいという強い気持ちがあって、その中で伝えたいこともたくさんある。だから「本になればいいなー」じゃなくて、「出す！」って言わないとダメなんすよね。

実際、本を出すには誰に話をすればいいか、出るまでにはどうすればいいかとか、全然知らないで言ってました。でも、決まる時は決まるもんなんすよ。

実際、決まったいきさつが面白かったんすよ。年末に雑誌のインタビューを受けた時に、「来年、やりたいことは?」って聞かれたんすね。頭の中にはいろいろプランがあったんすけど、その場で言えることはあんまりなくて。だから、こう答えたんす。「来年のお楽しみにしといてほしいんすけど、一つだけ決まってることがあるんすよ。俺、来年は本を出すんすよ!」

そこでもやっぱり「あ、そうなんですか。いつ、どこの出版社から?」って聞かれたんで、「何も決まってないっす! でも出すのは決まってるんすよ! 俺の中で!」って答えたんすけど、結局この会話がきっかけになって双葉社さんを紹介してもらえることになって、この本が出るまでに至ったんすよね。

もしあの時、「来年は本を出したいんすよねー」ぐらいの言い方だったり、それも言わないでいたら、みなさんにこうしてこの本を手に取ってもらうこともなかったと思います。だからやっぱり、やりたいこと、やると決めてることはハッキリ言い切るに限るんすよ。

こんなふうに、この本の中に書いてあることは全部、僕が自分の人生の中で、自分の身で試したり、実践してきたことっす。

読者のみなさんもこの本を読んで、「これは使えるな」と思ったことは取り入れてみてほしいっす。「あ、これは俺の人生にも当てはまるな」とか「これ、俺がずっと悩んでたのと同じことだ」というのがあったら、参考にしてもらえるとうれしいっす。

この本をつくるのに、中学生、高校生のことを特に意識したんすよ。最近はいろんなとこで僕のファンと言ってくれる中高生がいて、イベントとかではいろいろ質問とか相談とかされることもあるんで、その内容も入れました。何かあった時に「あ、あの本で千裕がこう言ってたな」と思い出してもらえると、すげえうれしいっす。

そしてその中からひとりでも、「俺も格闘技やろう」とか「千裕みたいになろう」と思ってくれる人がいたら、もっとうれしいっす。いや、ホントはもっとたくさんいたら、チョーうれしいっすね。

本文中に何度も書いてるっすけど、僕は本気で格闘技を変えます。二刀流でチャンピオンになったのは、その第一歩っす。ここからもっとたくさんの人を巻き込んでいって、もっといろんなことを変えていって、最終的には時代を変えるっす。まだまだ全然こんなもんじゃないっす。

この本を読んでくれた人が格闘技を始めてくれるのもうれしいっすけど、僕のやりたいことに賛同してくれて、協力してくれたり、自分でも活動を始める人が出てくるのもうれしいっすね。みんなで時代を変えていけたら、きっと楽しいじゃないすか。

そのためにわかんないことがあったら、何でも相談してほしいっす。正面から来てくれたら、僕も正面から応えるんで。

僕はこれまで、本当にいろんな人にお世話になり、支えられてきました。この本の中で触れた人たちも、そうでない人たちも、たくさんの人たちの協力と支えがあったからこそ、今の自分があります。今まで僕に関わってくれた全ての人たち、そして全てのファンのみなさんに、この場を借りて感謝とリスペクトの気持ちを伝えたいと思います。

またMMAの原点の先生である浜崎崇さん、空手の先生である三谷武夫さん、クロスポイント吉祥寺の山口元気会長、そして僕の両親には、特にお礼を言いたいです。ありがとうございました。

この本を手に取ってくれて、ここまで読んでくれたみなさん、ありがとうございました。これからも鈴木千裕の物語は続いていきます。みなさんの協力と支えを原動力に、みなさんの想像と期待をはるかに超えるデカい物語にしていきます。その物語を、これからも見届けてもらえたらうれしいです！

鈴木千裕 全戦績

（2024年3月31日現在）

■キックボクシング

2019年5月26日 愛知・ホテルプラザ勝川（シュートボクシング）
○ VS イモト・ボルケーノ（グラップリングシュートボクサーズ） 3ラウンド 判定3－0
2019年8月10日 東京・後楽園ホール（REBELS）
○ VS 洋介（渡邉ジム） 1ラウンド TKO
2019年10月4日 東京・後楽園ホール（KNOCK OUT×REBELS）
○ VS 橋本悟（橋本道場） 1ラウンド KO
2019年11月1日 東京・後楽園ホール（KNOCK OUT）
○ VS 耀織（Y's glow） 2ラウンド KO
2020年2月11日 東京・大田区総合体育館（KNOCK OUT）
【無法島GP 64kg級トーナメント 1回戦】
○ VS 与座優貴（橋本道場） 3ラウンド 判定2－0
【無法島GP 64kg級トーナメント 準決勝】
× VS 西岡蓮太（龍生塾） 3ラウンド 判定0－3

2020年9月13日　東京・後楽園ホール（KNOCK OUT）
○　VS　昇也（士魂村上塾）　3ラウンド　TKO
2020年11月8日　東京・後楽園ホール（REBELS）
○　VS　康弘（ゴリラジム）　1ラウンド　KO
2020年12月6日　東京・後楽園ホール（REBELS）
○　VS　渥美尚也（HIDE GYM）　1ラウンド　KO
2021年3月13日　東京・後楽園ホール（KNOCK OUT）
【KNOCK OUT-BLACK スーパーライト級王座決定トーナメント 準決勝】
○　VS　久保政哉（Monolith）　1ラウンド　KO
2021年7月18日　東京・後楽園ホール（KNOCK OUT）
【KNOCK OUT-BLACK スーパーライト級王座決定トーナメント 決勝戦
○　VS　宮越慶二郎（拳粋会宮越道場）　1ラウンド　TKO　トーナメント優勝
2022年1月22日　東京・後楽園ホール（KNOCK OUT）
○　VS　タップロン・ハーデスワークアウト（タイ）　1ラウンド　KO
2023年3月5日　東京・国立代々木競技場 第二体育館（KNOCK OUT）
○　VS　マルコス・リオス（アルゼンチン）　1ラウンド　TKO

13戦12勝1敗

■MMA

2017年2月5日　東京・ディファ有明（パンクラス）
○　VS　廣中克至（RBアカデミー）　1ラウンド　TKO
2017年3月12日　東京・ディファ有明（パンクラス）
○　VS　杉山廣平（SPLASH）　1ラウンド　TKO
2017年5月28日　東京・ディファ有明（パンクラス）
【ネオブラッド・トーナメント フライ級 1回戦】
×　VS　川端康太（ALLIANCE）　3ラウンド　判定　0－3
2017年10月8日　東京・ディファ有明（パンクラス）
×　VS　鮎田直人（CAVE）　3ラウンド　判定　0－3
2018年3月11日　東京・スタジオコースト（パンクラス）
【ネオブラッド・トーナメント フライ級 1回戦】
○　VS　水谷健人（AACC）　1ラウンド　TKO
2018年7月1日　東京・スタジオコースト（パンクラス）
【ネオブラッド・トーナメント フライ級 準決勝】
○　VS　猿飛流（リバーサルジム川口REDIPS）　3ラウンド　判定3－0
2018年9月9日　東京・スタジオコースト（パンクラス）
【ネオブラッド・トーナメント フライ級 決勝】
○　VS　杉山廣平（SPLASH）　3ラウンド　判定3－0　トーナメント優勝
2021年9月19日　埼玉・さいたまスーパーアリーナ（RIZIN）

× VS 昇侍（KIBAマーシャルアーツクラブ） 1ラウンド TKO
2021年11月28日 兵庫・ワールド記念ホール（RIZIN TRIGGER）
○ VS 山本空良（パワーオブドリームジム） 3ラウンド 判定3－0
2022年3月6日 未発表（RIZIN LANDMARK）
○ VS 平本蓮（ルーファスポーツ） 3ラウンド 判定3－0
2022年9月25日 埼玉・さいたまスーパーアリーナ（RIZIN）
○ VS 萩原京平（SMOKER GYM） 2ラウンド リアネイキッドチョーク
2022年11月6日 愛知・ドルフィンズアリーナ（RIZIN LANDMARK）
○ VS 今成正和（今成柔術） 3ラウンド 判定3－0
2022年12月31日 埼玉・さいたまスーパーアリーナ（RIZIN）
○ VS 中原由貴（マッハ道場） 1ラウンド KO
2023年6月24日 北海道・真駒内セキスイハイムアイスアリーナ（RIZIN）
【RIZINフェザー級タイトルマッチ】
－ VS クレベル・コイケ（ボンサイ柔術） ノーコンテスト（クレベルの体重超過）
2023年7月30日 埼玉・さいたまスーパーアリーナ（超RIZIN）
○ VS パトリシオ・ピットブル（ブラジル） 1ラウンド KO
2023年11月4日 アゼルバイジャン・ナショナルジムナスティックアリーナ（RIZIN LANDMARK）
【RIZINフェザー級タイトルマッチ】
○ VS ヴガール・ケラモフ（アゼルバイジャン） 1ラウンド KO タイトル奪取

16戦12勝3敗1無効試合

鈴木千裕（すずき・ちひろ）

1999年、東京都出身。キックボクシングとMMA（総合格闘技）、その両方で王座に就く二刀流格闘家。クロスポイント吉祥寺所属。177cm、66kg（試合時）。RIZINフェザー級チャンピオン、KNOCK OUT BLACKスーパーライト級チャンピオン。MMA16戦12勝3敗1無効試合、キックボクシング13戦12勝1敗（2024年3月現在）。

夢《ゆめ》を叶《かな》える「稲妻《いなずま》メンタル」

2024年5月18日　第1刷発行
2024年5月20日　第2刷発行

著　　者　鈴木千裕《すずきちひろ》

発 行 者　島野浩二
発 行 所　株式会社双葉社
〒162-8540
東京都新宿区東五軒町3番28号
☎（03）5261-4818（営業）
☎（03）5261-4869（編集）
http://www.futabasha.co.jp/
（双葉社の書籍・コミック・ムックがご購入いただけます）

印刷・製本　中央精版印刷株式会社

ISBN978-4-575-31876-0 C0076
JASRAC 出 240403912-401